ENCICLOPEDIA USBORNE

ANTICO EGITTO

CON LINK INTERNET

Gill Harvey
e Struan Reid

Progetto grafico di Linda Penny e Melissa Alaverdy

Illustrazioni di Inklink Firenze, Ian Jackson e Aziz Khan
A cura di Jane Chisholm
Consulenza della dott.ssa Anne Millard

Grafica di copertina di Josephine Thompson e Tom Lalonde
Grafica aggiuntiva di Sarah Cronin e Andrea Slane
Manipolazione digitale di John Russell

Per l'edizione italiana, traduzione di Marisa Baietto
A cura di Loredana Riu e Dani Leman

SOMMARIO

LINK INTERNET

In questo libro troverai la descrizione di interessanti siti su cui potrai trovare tante altre informazioni sull'antico Egitto. Per i collegamenti ipertestuali ai siti consigliati basta andare al sito Usborne Quicklinks.

La famosissima maschera funeraria di Tutankhamon è in oro massiccio, con intarsi di lapislazzuli, corniola, turchese e vetro.

IL SITO QUICKLINKS

Per i collegamenti ipertestuali ai siti consigliati basta andare all'indirizzo **www.usborne-quicklinks.com/it**, selezionare il titolo del libro e poi quello della pagina che ti interessa.

COSA TROVERAI

Ecco alcuni esempi delle cose che potrai fare visitando i siti consigliati:

- trovare una miriade di informazioni sul faraone-bambino, Tutankhamon
- scoprire tante cose su un altro dei più famosi faraoni, Ramesse (o Ramses) II
- leggere notizie e curiosità sulla religione e sulle numerose divinità dell'antico Egitto
- vedere gli scavi presso i templi funerari di Tebe con regolari aggiornamenti
- scoprire altre informazioni sui geroglifici e comporre il tuo nome online usando una tastiera speciale
- trovare tante notizie sulla vita quotidiana, i mestieri e i giochi dell'antico Egitto

DISPONIBILITÀ DEI SITI

I siti web consigliati in questo libro sono controllati regolarmente e i relativi link vengono aggiornati. I siti smantellati verranno sostituiti con altri idonei. Per questo può accadere che il sito su Quicklinks non corrisponda alla descrizione del libro.

Tuttavia, il contenuto di un sito può essere modificato senza preavviso e le edizioni Usborne non possono essere ritenute responsabili del contenuto di siti esterni.

SICUREZZA IN RETE

Si consiglia vivamente che i bambini utilizzino Internet sotto supervisione. Per maggiori informazioni, consultate la sezione **Serve aiuto?** sul sito Quicklinks.

Assicuratevi che i bambini leggano e rispettino le precauzioni sulla sicurezza in Internet riportate qui sopra:

- Prima di collegarti a Internet chiedi il permesso ai tuoi genitori o a chi di dovere. Se il computer non è tuo chiedi sempre il permesso del proprietario prima di collegarti a Internet.
- Se un sito richiede il tuo nome o indirizzo di posta elettronica per collegarti o registrarti, chiedi prima il permesso a un adulto.

AIUTO

Per maggiori informazioni, consulta la sezione **Serve aiuto?** sul sito Quicklinks.

Da lì potrai anche accedere ai link necessari per scaricare gratis i vari plug-in per ascoltare file audio o visualizzare video-clip, animazioni ecc.

DATE

Quando ci si riferisce al mondo antico, le date di solito sono contraddistinte dalle lettere **a.C.** o **d.C.** Talvolta vedrai anche l'abbreviazione **ca.**

- **a.C.** sta per "avanti Cristo". Le date contrassegnate da a.C. indicano fatti avvenuti prima della nascita di Cristo: "300 a.C." vuol dire quindi 300 anni prima della nascita di Cristo.
- **d.C.** significa "dopo Cristo". Le date contrassegnate da d.C. indicano fatti avvenuti dopo la nascita di Cristo: "50 d.C." vuol dire quindi 50 anni dopo la nascita di Cristo.
- Quando trovi l'indicazione **ca.** (che significa "circa"), vuol dire che la data non è esatta ma approssimativa.

LA SCOPERTA

Il declino della civiltà egizia cominciò con l'annessione dell'Egitto all'impero romano nel 30 a.C. Il cristianesimo si diffuse e i tesori nascosti nel deserto vennero a poco a poco dimenticati. L'interesse degli esploratori europei per le antichità egiziane risale a circa 200 anni fa. Per alcuni divenne una vera e propria ossessione.

PRIMI DOCUMENTI

I documenti redatti dagli antichi Egizi avevano lo scopo di esaltare le divinità e i re. La loro accuratezza è pertanto limitata dall'esigenza di omettere alcuni particolari e di enfatizzarne altri. La prima vera storia dell'Egitto fu scritta dal greco Erodoto, considerato il "padre della storia", il quale visitò il Paese intorno all'anno 500 a.C. Il suo resoconto è basato sulle testimonianze degli Egiziani e più sulla leggenda che sui fatti.

Erodoto

Durante il periodo Tolemaico (vedi pag. 37), Tolomeo II affidò allo scriba Manetone il compito di scrivere la storia dell'Egitto. La suddivisione in 30 dinastie adottata da Manetone viene utilizzata ancor oggi.

La Stele di Rosetta fu scoperta dai francesi e passò agli inglesi quando questi sconfissero Napoleone lungo la costa egiziana. Oggi si trova al British Museum.

LA CHIAVE

Gli antichi monumenti presentarono agli esploratori europei del XVIII secolo una serie di interrogativi: chi li aveva costruiti, quando e perché? La risposta era racchiusa negli incomprensibili geroglifici, la scrittura egizia basata su simboli.

Nel 1878 la Gran Bretagna e la Francia si scontrarono in battaglia in Egitto. Napoleone portò con sé un gruppo di esperti incaricati di studiare i monumenti. Furono tuttavia i suoi soldati a realizzare la scoperta più importante a Rosetta, una località sul Mediterraneo, dove ritrovarono una lastra di pietra nera con tre iscrizioni, una in greco e due in egiziano. Gli studiosi francesi ritennero che si trattasse di traduzioni dello stesso testo. Poteva essere la chiave per decifrare i misteriosi geroglifici?

Le piramidi di Giza affascinano i turisti da millenni.

COME NASCE L'EGITTOLOGIA

La Stele di Rosetta permise agli studiosi di decifrare i geroglifici. Il merito va soprattutto al francese Jean-François Champollion e all'inglese Thomas Young. La comprensione della scrittura stimolò un grande interesse per l'antico Egitto che portò alla nascita di una nuova disciplina accademica: l'egittologia.

IL GIGANTE BELZONI

La passione per i tesori dell'antico Egitto divenne purtroppo anche causa di saccheggi indiscriminati. Le tombe e i templi vennero svuotati da avventurieri senza scrupoli. Uno di questi fu Giovanni Battista Belzoni, un omone alto oltre due metri che si esibiva in un circo. Belzoni riportò alla luce i grandi templi di Abu Simbel e numerose tombe reali presso la Valle dei Re. Il suo entusiasmo, come quello degli altri avventurieri del tempo, causò molti danni.

Moneta francese che commemora gli studi di Jean-François Champollion.

AUGUSTE MARIETTE

Verso la metà del XIX secolo l'Egitto contava molti appassionati. Tra questi figurava il francese Auguste Mariette, i cui scavi a Saqqara, effettuati senza il permesso delle autorità, portarono alla scoperta di una tomba sotterranea enorme cui venne dato il nome di Serapeum.

La scoperta segnò l'inizio della carriera di Mariette come egittologo. Oltre a dedicarsi agli scavi, Mariette fondò il Museo Egizio del Cairo. Ciò consentì a gran parte dei nuovi reperti di restare in Egitto anziché venire spedita in Europa.

L'INGLESE ECCENTRICO

Sebbene Mariette non fosse sconsiderato come Belzoni, metodi rigorosi di scavo furono applicati solo a partire dalla fine del XIX secolo. Ciò si deve a William Flinders Petrie, un eccentrico inglese che spesso lavorava indossando solo un paio di mutandoni rosa.

Petrie introdusse un sistema di lavoro dettagliato. Convinto che i frammenti di vasellame e i piccoli oggetti non fossero meno importanti dei grandi monumenti, Petrie catalogò tutti i reperti e, confrontando migliaia di vasi, incominciò a fare luce sui misteri che avvolgevano la storia antica dell'Egitto.

Flinders Petrie è considerato ancor oggi uno dei massimi egittologi.

Statua di Luxor trainata dagli uomini di Belzoni per essere spedita in Inghilterra

IL TESORO

L'esempio di Belzoni fu seguito da numerosi egittologi che si dedicarono alla ricerca di mummie e tesori. All'inizio del XX secolo, tutte le tombe della Valle dei Re erano state saccheggiate e si riteneva non rimanesse più nulla da scoprire. Qualcuno però non era d'accordo...

LA TOMBA MANCANTE

Gli egittologi erano riusciti a stabilire quali faraoni fossero sepolti nella Valle dei Re. Tutte le tombe importanti erano state trovate, ad eccezione di quella del re-bambino Tutankhamon (vedi pag. 28). L'egittologo inglese Howard Carter era determinato a trovarla. Nel 1917 cominciò gli scavi finanziati dal ricco Lord Carnarvon. Dopo quattro anni di ricerche infruttuose, le autorità egiziane pensavano fosse il caso di desistere ma Carter riuscì a farsi concedere un altro anno.

Collana di Tutankhamon intarsiata di pietre preziose

COSE MERAVIGLIOSE

Gli scavi ripresero nel novembre del 1922. Carter decise di spostare alcune antiche abitazioni di operai sotto le quali emersero dei gradini che conducevano a una tomba. Si trattava di quella tanto ambita?

Carter scrisse un telegramma entusiasta a Lord Carnarvon: *Finalmente magnifica scoperta nella Valle dei Re. Tomba stupenda con sigilli intatti attende Vostro arrivo. Congratulazioni.*

Il 25 novembre del 1922 Lord Carnarvon osservava Howard Carter praticare un'apertura nella porta sigillata e scrutare all'interno della tomba. Impaziente, Lord Carnarvon chiese: "Si vede qualcosa?" "Sì, cose meravigliose", rispose Carter.

Howard Carter comincia il lungo e laborioso lavoro di pulitura delle bare di Tutankhamon.

PROVA DI PAZIENZA

La prima sala era colma di oggetti ammucchiati: carri, statue, sedie e bauli. Sul fondo si trovava un'altra porta sigillata con a guardia due statue. Nonostante il desiderio di sapere se proprio lì riposasse la mummia del re, Carter agì con molta calma. Raccolse e classificò il contenuto della prima sala e aprì la seconda porta nel febbraio del 1923. Lo attendeva la visione stupenda di un sarcofago in pietra circondato da quattro altari in legno coperti d'oro. Sul fondo si trovava un'altra sala, anch'essa colma di oggetti meravigliosi. Carter continuò nel suo paziente lavoro di schedatura e tre anni dopo aprì finalmente il sarcofago, che conteneva tre bare, una dentro l'altra. Le prime due erano di legno dorato mentre la terza era in oro massiccio intarsiato di pietre preziose. All'interno giaceva la mummia, il volto coperto dalla bellissima maschera d'oro conosciuta oggi in tutto il mondo.

Pendente dalla forma di scarabeo intarsiato di lapislazzuli, corniola e turchesi

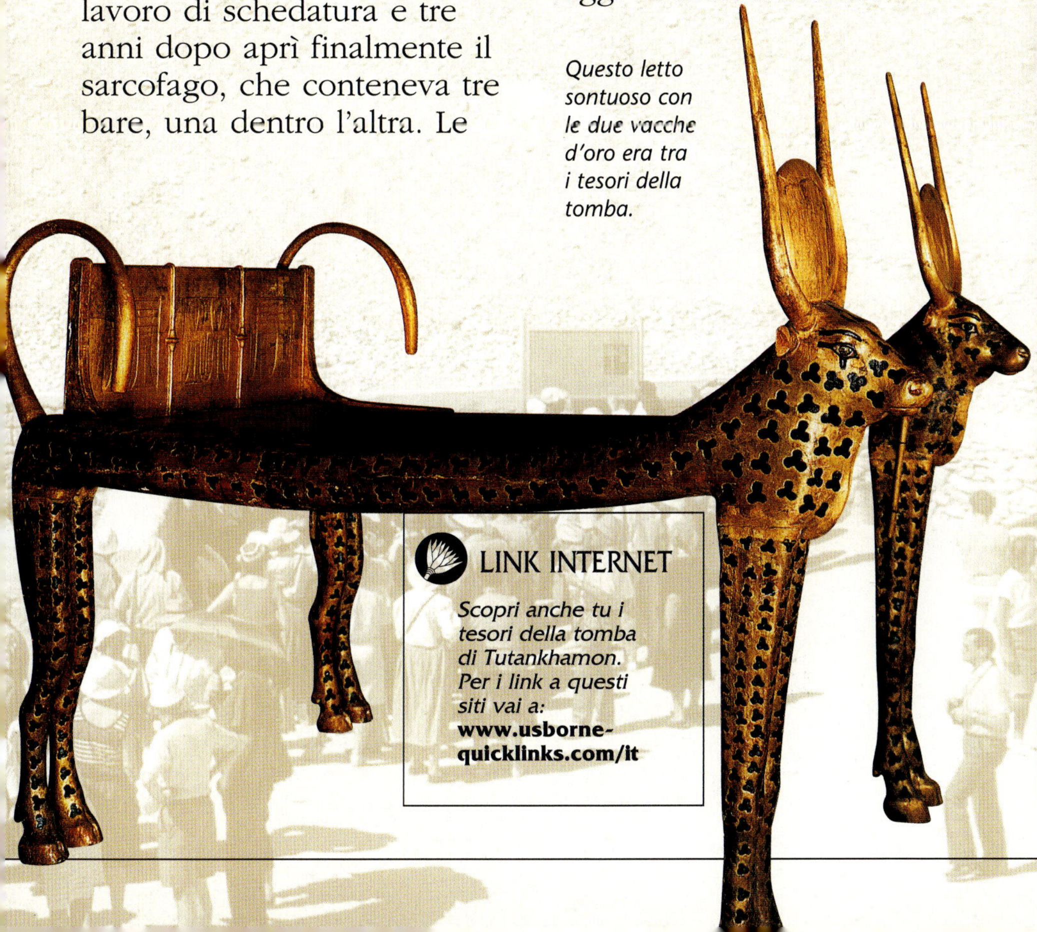

Questo letto sontuoso con le due vacche d'oro era tra i tesori della tomba.

LINK INTERNET

Scopri anche tu i tesori della tomba di Tutankhamon. Per i link a questi siti vai a: **www.usborne-quicklinks.com/it**

LA MALEDIZIONE DELLA MUMMIA

Il 5 aprile del 1923, poco dopo la scoperta della tomba, Lord Carnarvon morì di polmonite al Cairo, senza riuscire a vedere la bara e la maschera d'oro di Tutankhamon, dischiuse solo più tardi. Alcuni giornali scrissero che la morte di Lord Carnarvon era dovuta a una maledizione che colpiva chi disturbasse la mummia. La "notizia" colpì l'immaginazione e si propagò rapidamente. In realtà, Carter e tutti coloro che vennero a contatto con la mummia non ebbero alcun problema.

La famosa maschera di Tutankhamon che Lord Carnarvon non fece in tempo a vedere.

LA CONSERVAZIONE

L'egittologia non consiste solo nel ritrovamento di reperti. Tombe, edifici e oggetti riportati alla luce rischiano di andar perduti a meno che non vengano classificati e conservati nel modo opportuno. Il compito più impellente degli egittologi moderni, prima ancora di continuare a scavare, spazia dalla riproduzione intricata di un rilievo al trasferimento di interi edifici.

Tagliapietre al lavoro con i restauratori a Saqqara

DOCUMENTI DELL'800

In questo dipinto di David Roberts i templi di Ramesse II ad Abu Simbel sembrano emergere dalla sabbia.

Se le prime scoperte fossero state seguite dalla fase forse meno entusiasmante della classificazione, molti misteri avrebbero potuto essere svelati. Già all'inizio dell'800, tuttavia, il pittore scozzese David Roberts realizzò una serie di accurati dipinti a olio e il tedesco Karl Lepsius compilò un documento dettagliato dei siti più importanti.

DISCIPLINE MODERNE

Oltre agli "addetti" agli scavi, contribuiscono all'egittologia anche esperti che si dedicano all'esame, alla ricostruzione e alla classificazione di oggetti quali vasi, bare e testi antichi; cartografi che tracciano mappe degli scavi; restauratori per la conservazione di dipinti e oggetti; fotografi che forniscono immagini accurate e scienziati di varie discipline che usano la tecnologia moderna per esaminare e datare i reperti.

SOCCORSO

Non tutti i lavori di conservazione sono effettuati in Egitto. Nel 1976 le autorità egiziane inviarono vari reperti a Parigi per una mostra. Il pezzo forte era la mummia di Ramesse II, a cui venne rilasciato un passaporto speciale per entrare in Francia. Quando gli scienziati francesi scoprirono che la mummia era stata attaccata dagli insetti, offrirono il loro aiuto e salvarono il re.

La mummia di Ramesse II, di nuovo al Cairo

LINK INTERNET

Su questi siti potrai trovare altre informazioni su interessanti progetti di restauro e sul Grande Tempio di Abu Simbel. Per i link a questi siti vai a:
www.usborne-quicklinks.com/it

SALVATAGGIO

Negli anni '60 una delle più grandi opere di conservazione a livello mondiale fu effettuata in Nubia (Egitto meridionale). Allo scopo di controllare le acque del Nilo e rendere possibile l'agricoltura tutto l'anno, venne costruita una diga enorme. Un tale progetto avrebbe sommerso gli scavi della zona, compresi i templi di Abu Simbel.

L'unica soluzione per salvare i templi era quella di spostarli da dove si trovavano. Il progetto era molto costoso e l'UNESCO (l'Organizzazione delle Nazioni Unite per l'educazione, la scienza e la cultura) intervenne stanziando dei fondi. I lavori iniziarono nel 1964 e durarono quattro anni, durante i quali i monumenti vennero tagliati in blocchi, numerati e trasferiti 60 metri più in alto.

LAVORO CONTINUO

La conservazione dei monumenti dell'antico Egitto è un compito difficile. Quelli aperti ai turisti vengono danneggiati (dall'umidità del respiro dei visitatori, per esempio) e gli altri spesso non vengono restaurati per mancanza di tempo e di fondi. L'Egyptian Supreme Council of Antiquities e gli egittologi di tutto il mondo intervengono dove possibile.

Abu Simbel oggi è un'importante meta turistica.

Il tempio di Ramesse fu tagliato in 1036 pezzi, ciascuno con un peso dalle sette alle 30 tonnellate.

I restauratori intervennero per mascherare i tagli delle pietre.

EGITTOLOGIA OGGI

Agli egittologi moderni non manca certo il lavoro. Sebbene la scoperta di un'altra tomba come quella di Tutankhamon sia improbabile, la raccolta di informazioni sulla vita nell'antico Egitto continua, e i costanti progressi tecnologici offrono nuove interpretazioni dei dati.

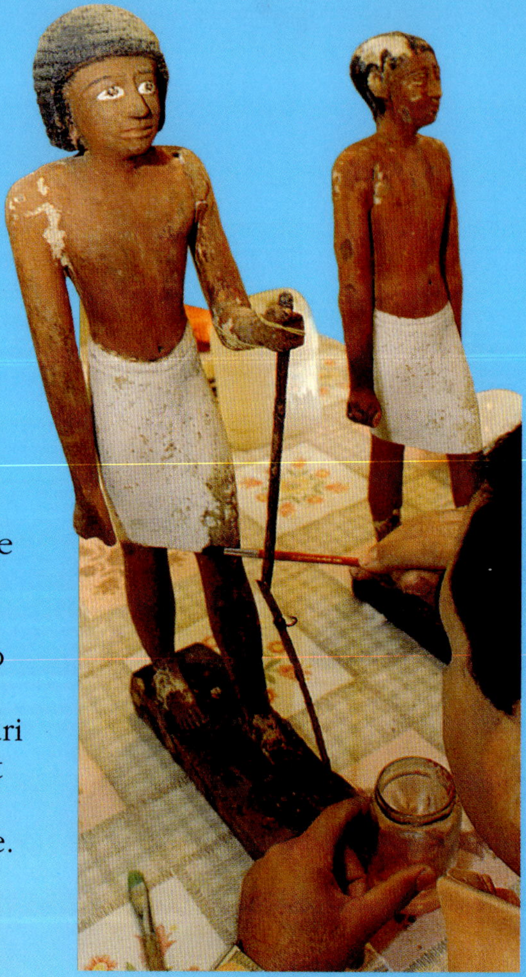

Un restauratore interviene sul modellino ligneo di un funzionario, rinvenuto vicino alle piramidi di Saqqara nel 1999.

LAVORI IN CORSO

La "stagione" degli egittologi va solitamente dall'autunno alla primavera, quando non fa troppo caldo ed esperti di tutto il mondo si occupano dei progetti più svariati. Internet è un'ottima fonte di informazione sul loro lavoro. La maggior parte dei progetti non riguarda nuovi scavi, bensì la catalogazione di reperti o l'interpretazione dei dati. Spesso si tratta di interventi di restauro (vedi pagine 10-11), come quello avvenuto di recente della bellissima tomba di Nefertari a Luxor, sulla sponda ovest del Nilo, danneggiata dall'acqua salata sottostante.

Gli scavi continuano a Saqqara. Nella foto, un gruppo di archeologi sul luogo di una tomba appena riportata alla luce (2001).

TECNOLOGIA MODERNA

Le costanti innovazioni e i progressi in campo tecnologico hanno rivoluzionato il modo in cui i reperti vengono analizzati. Oggi gli scanner permettono di studiare le mummie senza danneggiarle; il test del DNA consente di scoprire legami di parentela e persino malattie (vedi pag. 63) e grazie alla grafica computerizzata gli egittologi sono in grado di ricostruire l'aspetto degli antichi edifici, partendo da semplici frammenti.

LINK INTERNET

Dai primi viaggiatori attratti dalle meraviglie dell'antico Egitto alle missioni archeologiche passate, presenti e in programma per il futuro. Inoltre, un sito su cui troverai un archivio di mummie catalogate con relative schede informative.
Per i link a questi siti vai a:
www.usborne-quicklinks.com/it

LE MUMMIE D'ORO

Nel 1997, presso el Bawati, una località nel Deserto occidentale, un mulo cadde dopo essere inciampato in una buca. La presenza di quella buca non venne sottovalutata e nel marzo del 1999 cominciarono gli scavi, che portarono a una scoperta eccezionale: un vasto complesso funerario contenente centinaia di mummie, in quella che è oggi conosciuta come la Valle delle Mummie d'Oro.

Le mummie sono per la maggioranza in ottime condizioni e risalgono al periodo greco e oltre (vedi pag. 37). Alcune sono nelle bare e altre sono avvolte in teli; molte sono riccamente decorate con oro e altri metalli preziosi.

Mummia d'oro di el Bawati

ROVINE SOMMERSE

L'ecogoniometro e le moderne attrezzature per immersione oggi rendono possibile l'archeologia subacquea. Recentemente, i sommozzatori impegnati nella baia di Abukir, vicino ad Alessandria, hanno fatto importanti scoperte, tra cui quella di un palazzo che sarebbe appartenuto a Cleopatra VII. Nel giugno del 2000 sono state inoltre ritrovate due città sommerse chiamate Eraclio e Canopus. I lavori per scoprire i segreti nascosti sotto gli strati di fango della baia continuano.

CONTINUE SCOPERTE

Ecco alcuni dei progetti e delle scoperte più importanti degli ultimi dieci anni in Egitto. Molti dei lavori sono tutt'oggi in corso.

- I forni e i templi degli operai che costruirono le piramidi sono stati ritrovati a Giza
- Alcuni testi tra i più antichi al mondo e navi della I dinastia sono stati rinvenuti ad Abido
- Un'altra tomba, la KV5, è stata scoperta nella Valle dei Re
- Gli scavi procedono nell'antica città di Menfi
- A Tell el-Amarna (l'antica capitale di Akhenaton) è stato scoperto un villaggio di operai
- Gli scavi continuano nella Valle dei Re per ritrovare i membri della famiglia di Akhenaton
- Procedono i lavori di restauro del tempio di Hatshepsut a Deir el-Bahari.

Un sommozzatore nella baia di Abukir di fronte a una sfinge

CARTA DELL'ANTICO EGITTO

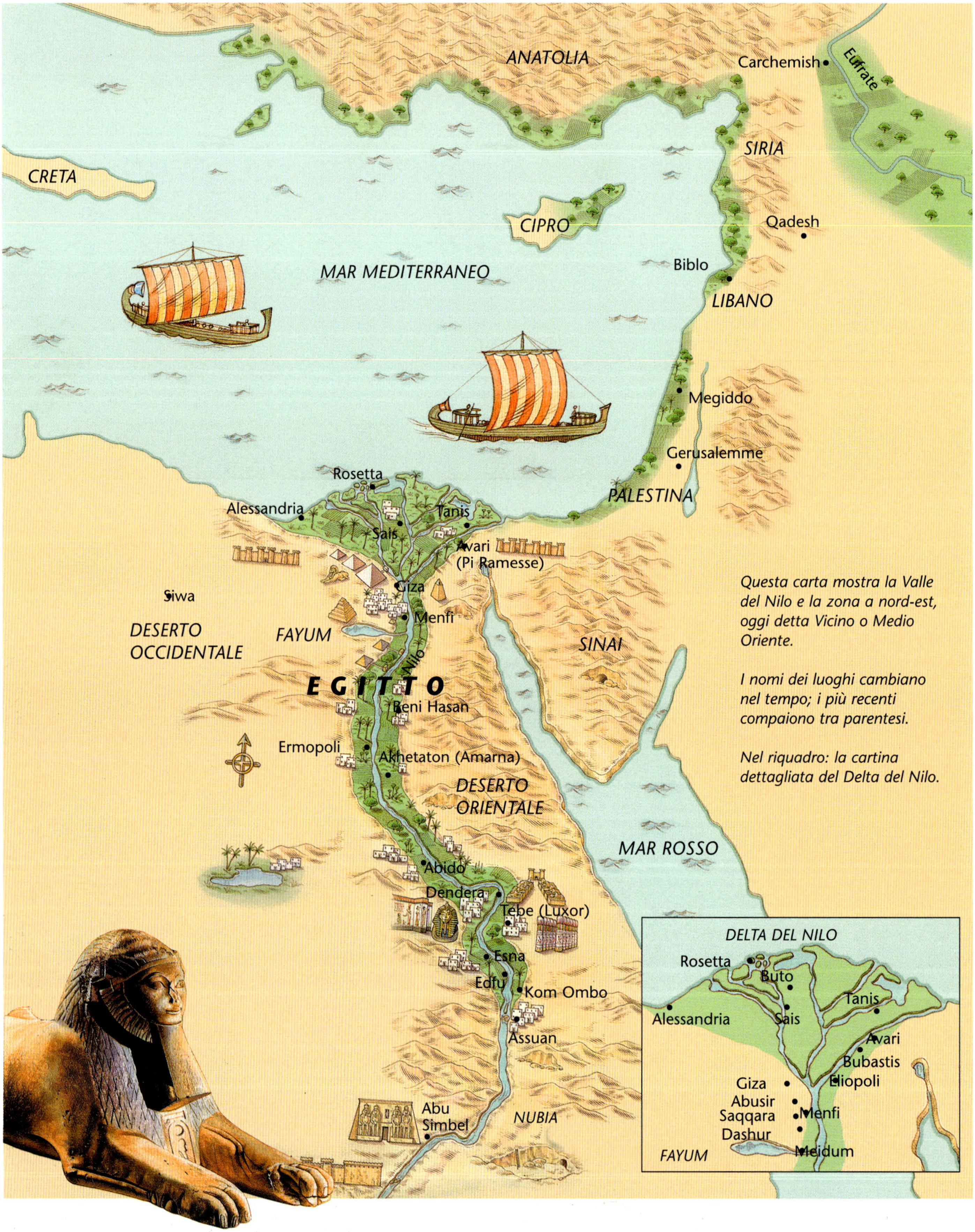

Questa carta mostra la Valle del Nilo e la zona a nord-est, oggi detta Vicino o Medio Oriente.

I nomi dei luoghi cambiano nel tempo; i più recenti compaiono tra parentesi.

Nel riquadro: la cartina dettagliata del Delta del Nilo.

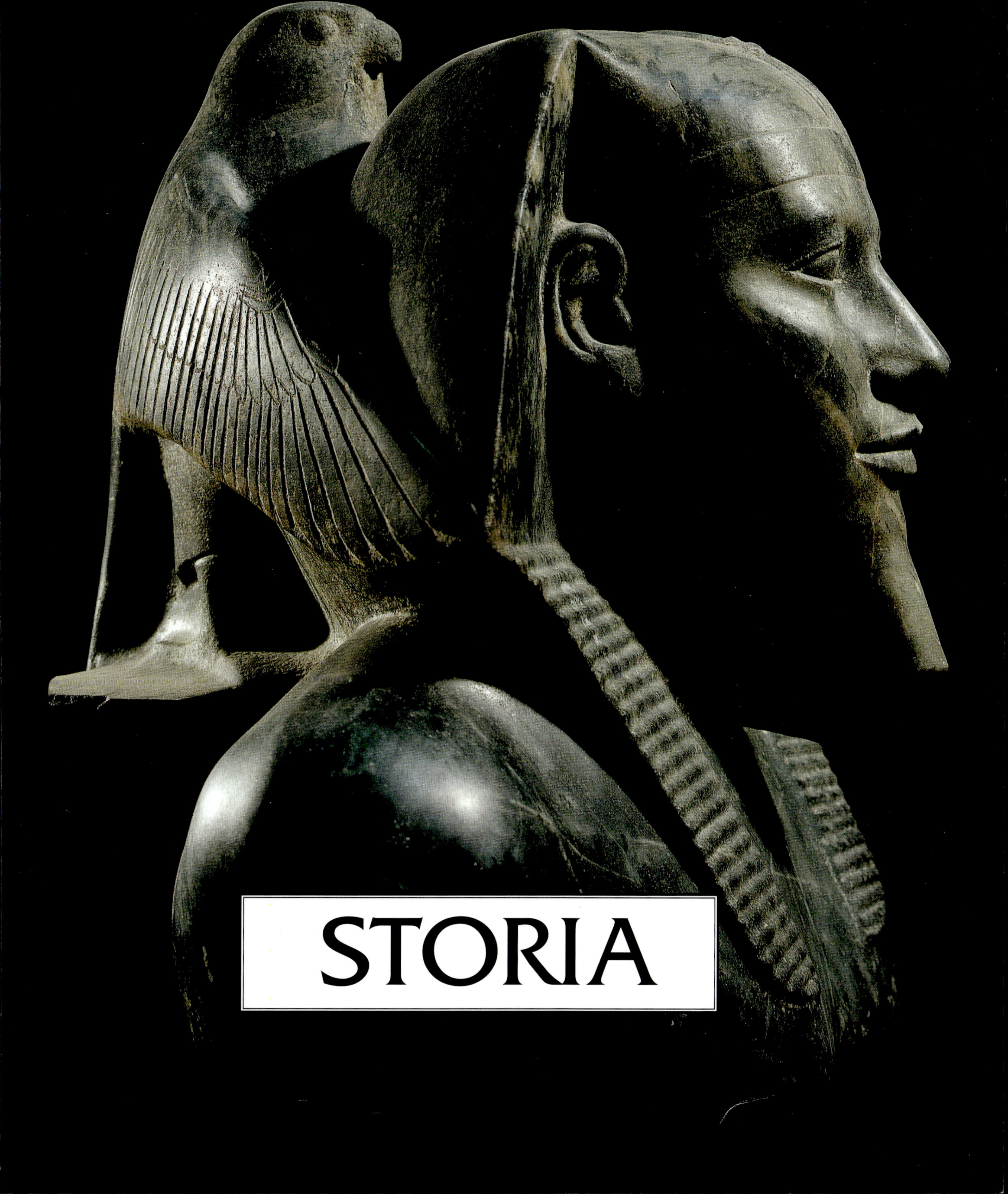

STORIA

GLI ALBORI

Le prime popolazioni si stanziarono lungo il Nilo, il fiume che attraversa il deserto e si getta nel mare, migliaia di anni fa. All'inizio si trattava di popolazioni nomadi che vivevano soprattutto di caccia. Intorno al 5500 a.C. cominciarono a stabilirsi lungo le sponde del fiume e a dedicarsi all'agricoltura.

Queste copie di tavolette con rilievi in avorio ritrovate ad Abido sono tra gli esempi di scrittura più antichi.

PERIODO PREDINASTICO

Fino all'anno 3500 circa i cambiamenti furono lenti. Questo periodo viene detto Predinastico. Le popolazioni coltivavano la terra lungo il Nilo e iniziarono a costruire canali d'irrigazione per sfruttarne le acque. Allevavano inoltre pecore, capre e maiali.

Esistevano due gruppi principali di villaggi: uno a sud (Alto Egitto) e uno a nord (Basso Egitto). Queste due zone si svilupparono gradualmente in due regni distinti, ciascuno governato da un re. Il ritrovamento in Alto Egitto di mastabe, antiche tombe costruite con mattoni di fango e contenenti bellissimi vasi e oggetti, indica l'inizio di una cultura e di credenze religiose sofisticate basate sulla vita dopo la morte.

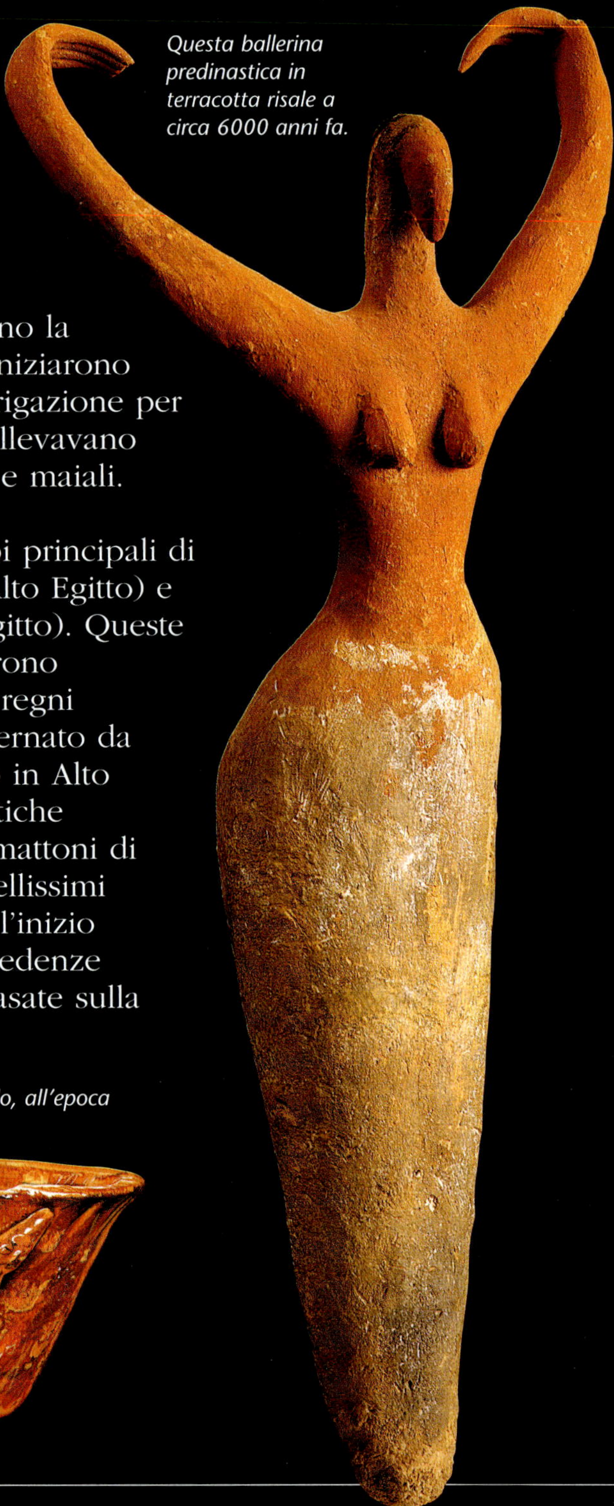

Questa ballerina predinastica in terracotta risale a circa 6000 anni fa.

Vaso predinastico con coccodrillo, all'epoca un rettile comune nel Nilo

LA SCRITTURA

Le tavolette del periodo Predinastico recentemente scoperte ad Abido (città nell'Egitto centrale) fanno supporre che la scrittura sia nata proprio in Egitto. Il sistema adottato dagli Egizi si basava su simboli detti geroglifici (vedi pagine 86-87).

DUE CORONE

I re dell'Alto e del Basso Egitto avevano divinità e corone ben distinte. Il re dell'Alto Egitto era protetto dalla dea avvoltoio Nekhbet e indossava una corona alta e bianca, mentre quello del Basso Egitto portava una corona rossa ed era protetto dalla dea cobra Uadjet.

Corona bianca dell'Alto Egitto

Corona rossa del Basso Egitto

La corona dei re che governarono l'Egitto in periodi successivi univa talvolta le due corone.

IL PRIMO RE

Intorno al 3100 a.C. l'Alto Egitto sconfisse in battaglia il Basso Egitto e i due regni vennero unificati per la prima volta. Il re a capo di questo nuovo regno unificato è una figura misteriosa che viene citata con tre nomi: Menes, Narmer e Hor-Ha. Potrebbero essere i nomi di una stessa persona, dato che i re avevano più nomi, tuttavia è più probabile che Hor-Ha fosse il figlio di Narmer. La tavoletta di Narmer (qui sotto) è una delle prime attestazioni di un unico re a capo dell'Egitto.

IL PERIODO PROTODINASTICO

Dopo l'unificazione, i re detennero il potere per oltre 3000 anni. La I e la II dinastia regnarono nel periodo Protodinastico, che durò circa 400 anni. Menes (o Narmer) creò un'unica capitale nel Delta del Nilo, tra Alto e Basso Egitto. Menfi, come venne battezzata, divenne una grande città con una propria divinità protettrice chiamata Ptah.

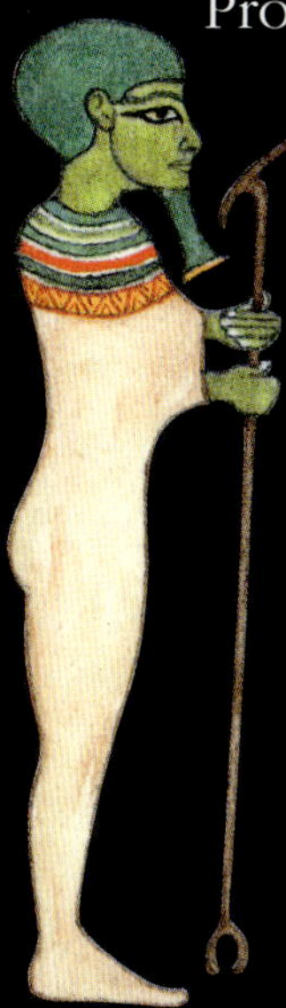

Il dio Ptah

Le antiche mastabe, come questa di Saqqara, erano fatte di mattoni di fango poi dipinti.

TRADIZIONI FUNERARIE

Tra i resti del periodo Protodinastico vi sono delle mastabe rettangolari, usate come tombe per i re e i nobili. Le tombe reali sono talvolta circondate da tombe più piccole per i servi. È probabile che alla morte del padrone i servi sacrificassero la propria vita per venire sepolti accanto alla sua tomba e servirlo nell'aldilà. Tale tradizione scomparve alla fine della I dinastia.

La tavoletta di Narmer raffigura il re Narmer con la corona bianca dell'Alto Egitto. Sull'altro lato della tavoletta il re indossa la corona rossa del Basso Egitto.

Il Nilo scorre da sud a nord, per cui il nord viene chiamato Basso Egitto e il sud Alto Egitto. Questa foto scattata dal satellite mostra il percorso del fiume verso nord, dall'Alto Egitto fino al Delta del Nilo.

La zona a est e a ovest del Nilo è desertica.

LINK INTERNET

Scopri altre informazioni sulla famosa tavoletta di Narmer. Inoltre, tutto sui primi artefatti egizi (in inglese). Per i link a questi siti vai a:
www.usborne-quicklinks.com/it

L'ANTICO REGNO

L'Antico Regno fu uno dei periodi più straordinari della storia dell'Egitto. Per la prima volta gli Egizi cominciarono a costruire interi edifici in pietra con risultati sorprendenti. I re, desiderosi di lasciare un'impronta nella storia, fecero costruire monumenti di dimensioni enormi come le piramidi e la Sfinge.

STABILITÀ E RICCHEZZA

L'Antico Regno cominciò nel 2650 a.C. ca. con l'inizio della III dinastia e durò per quasi 500 anni. All'inizio il re dominava sull'intero Paese e controllava le varie regioni attraverso i governatori, che lo aggiornavano periodicamente sullo stato delle cose.

Questa situazione di stabilità venne meno dopo il regno di Pepi II. Pepi regnò così a lungo da non lasciare eredi e a lui successero vari governatori.

LINK INTERNET

Informazioni, descrizioni e immagini di piramidi. Inoltre, curiosità sui misteri dell'antico Egitto.
Per i link a questi siti vai a:
www.usborne-quicklinks.com/it

Statuina dell'architetto Imhotep

IL PRIMO GENIO

Il secondo re della III dinastia era chiamato Djoser. Il suo nome è legato alla prima piramide a gradoni, monumento costruito per lui dall'architetto Imhotep. Imhotep fu il primo genio a noi noto: oltre ad essere architetto, era sacerdote, medico, astronomo e saggio consigliere. Ammirato dagli antichi, venne venerato come un dio per molti anni dopo la sua morte.

SNEFRU

L'idea di Djoser di avere una piramide per tomba fu ripresa da molti dei suoi successori. Il primo re della IV dinastia, Snefru, fece costruire due piramidi presso Dashur: la piramide romboidale e la piramide rossa (la prima vera piramide). Snefru venne probabilmente sepolto nella piramide rossa.

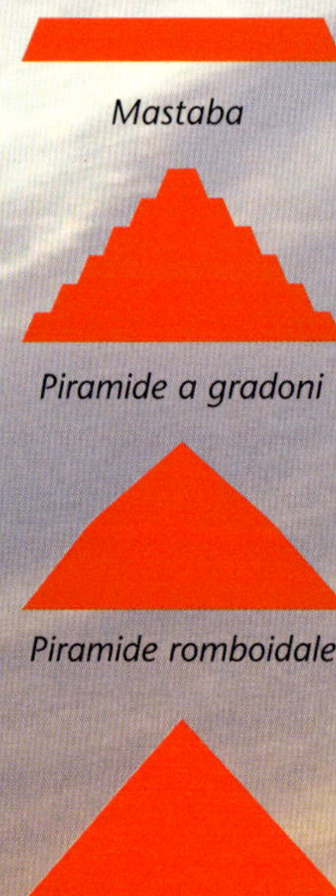

La piramide di Djoser a Saqqara era una mastaba di pietra alla quale vennero aggiunti progressivamente i gradoni.

GIZA

Cheope, figlio di Snefru, edificò una sola piramide, la più maestosa mai costruita: la grande piramide di Giza. Alla morte di Cheope, il figlio Chefren eresse un'altra enorme piramide accanto a quella del padre. Le dimensioni di quella originale non furono uguagliate e la terza piramide di Giza costruita dal figlio di Chefren, Micerino, è la più piccola (troverai ulteriori informazioni su queste piramidi alle pagine 66-67).

Questa statuetta è la sola immagine di Cheope giunta a noi.

UN DESERTO DI PIRAMIDI

I re della V e della VI dinastia continuarono a erigere piramidi: se ne contano circa 90 lungo la sponda ovest del Nilo. La costruzione di queste piramidi, tuttavia, rivela meno impegno e cura da parte dei re che le fecero erigere e oggi sono per lo più in rovina.

Rovine della piramide di Teti a Saqqara

L'ULTIMO RE

L'ultimo sovrano della VI dinastia, Pepi II, regnò a lungo, forse fino all'età di 100 anni. Dopo la sua morte l'Egitto precipitò in un periodo di confusione e di lotte per il potere che segnarono la fine dell'Antico Regno.

L'ENIGMA DELLA SFINGE

La Sfinge, dal corpo leonino e dalla testa di re, si trova davanti alla piramide di Chefren a Giza. Gli storici ritengono che la Sfinge sia stata costruita nel periodo in cui fu eretta la piramide e sia un ritratto di Chefren.

La Sfinge ha sempre fatto sognare: alcuni pensano abbia poteri misteriosi o che l'interno nasconda celle segrete. Le ricerche compiute fino ad oggi non hanno tuttavia confermato queste teorie.

La Sfinge è rivolta verso il sole che sorge. Le zampe anteriori sono state restaurate recentemente.

TEMPI NUOVI

All'Antico Regno seguì il primo periodo Intermedio. I testi parlano di "70 re in 70 giorni", in riferimento al succedersi di sovrani. Cento anni dopo ebbe inizio il Medio Regno, periodo di grande creatività che si protrasse per 400 anni.

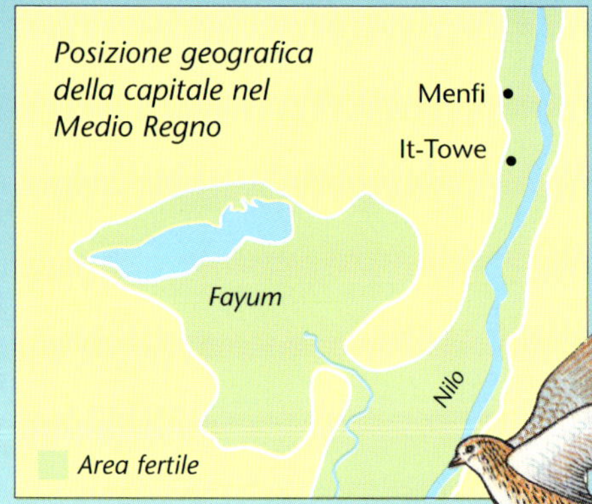

CAOS E CARESTIA

I governatori locali formarono la VII, VIII, IX e X dinastia. Sebbene alcuni governatori della IX e X dinastia fossero molto potenti, nessun sovrano regnò sul Paese intero. Fu un periodo caratterizzato da lotte, sanguinose guerre civili e terribili carestie provocate dalla siccità dovuta alle scarse inondazioni del Nilo per diversi anni.

Mentuhotep II

PACE

Dopo circa cento anni, le cose cominciarono a migliorare. I principi di Tebe assunsero il controllo dell'intero paese e fecero di Tebe la capitale. Ciò segnò l'inizio dell'XI dinastia e del Medio Regno. Mentuhotep II, il re più famoso della XI dinastia, edificò un magnifico tempio funerario e una tomba sulla sponda ovest del Nilo di fronte a Tebe.

CAPITALE MISTERIOSA

Nonostante i re del Medio Regno provenissero da Tebe, la XII dinastia fondò una nuova capitale più a nord. La nuova città venne chiamata It-Towe, ossia "dominatrice delle due terre".

L'esatta posizione di It-Towe non è certa ma si sa che era situata tra Menfi e il Fayum, una grande oasi con un lago. Uno dei re della XII dinastia, Sesostri II, diede inizio ad un grande progetto d'irrigazione per permettere la coltivazione dei terreni circostanti.

Modellini di pescatori del Medio Regno. I pescatori si mescolavano ai bagnanti nel Nilo.

LINK INTERNET

Per saperne di più sul Medio Regno e sui faraoni di quel periodo. Inoltre, altre informazioni sugli Hyksos. Per i link a questi siti vai a:
www.usborne-quicklinks.com/it

CONQUISTE

Il Medio Regno fu nel complesso un periodo di pace ma i re della XII dinastia espansero il proprio dominio a sud conquistando parte della Nubia e del Kush (nell'odierno Sudan). Allo scopo di difendere i nuovi territori conquistati, furono costruite enormi fortezze lungo i confini.

I carri, introdotti dagli Hyksos, trasformarono il modo di combattere degli Egizi.

CREATIVITÀ

L'attività artistica fiorì durante il Medio Regno. Furono scritte molte storie, come *Avventura di Sinuhe* e *Racconto del naufrago*, ricopiate dagli scribi delle generazioni successive, grazie a cui sono giunte fino a noi.

Le pratiche funerarie cambiarono e ciò portò allo sviluppo di nuove forme artistiche. I nobili vennero sepolti in tombe riccamente decorate, scavate nelle rocce. Coloro che non potevano permettersi decorazioni lussuose ricorrevano a modellini scolpiti con grande cura. Alcuni degli esempi più belli furono trovati a Beni Hasan e ad Assiut, nell'Egitto centrale.

Questi modellini di pescatori del 2000 a.C. ca. furono rinvenuti nella tomba di un certo Meket-Re a Tebe.

INVASORI

Dopo la XIII dinastia il potere dei re si indebolì e il Medio Regno volse al termine. Da est, intanto, un popolo che gli Egizi chiamavano Hyksos penetrava nel Delta del Nilo. Gli Hyksos si adattarono alla vita egiziana, assorbendone tradizioni e religione e col tempo divennero così potenti da controllare gran parte dell'Egitto dalla loro capitale, Avari. L'impatto degli Hyksos sulla vita degli Egizi fu notevole e introdussero nuovi oggetti, tra cui anche delle armi.

GLI IMPERI

Gli invasori erano detestati dai principi egizi del sud del paese. Ancora una volta, furono i potenti re di Tebe a passare all'azione. I tre re tebani Tao I, Kamose e Amosi avanzarono a nord cacciando gli Hyksos dall'Egitto. Nel 1550 a.C. ebbe inizio un nuovo capitolo della storia egiziana.

POPOLI RIVALI

Il termine Vicino Oriente indica i Paesi a nord e a est dell'Egitto, fino all'odierna Turchia e all'Iraq. Ai tempi del Nuovo Regno questa vasta area era abitata da popoli valorosi come gli Ittiti, i Mitanni e i Babilonesi.

Statua d'oro di re ittita

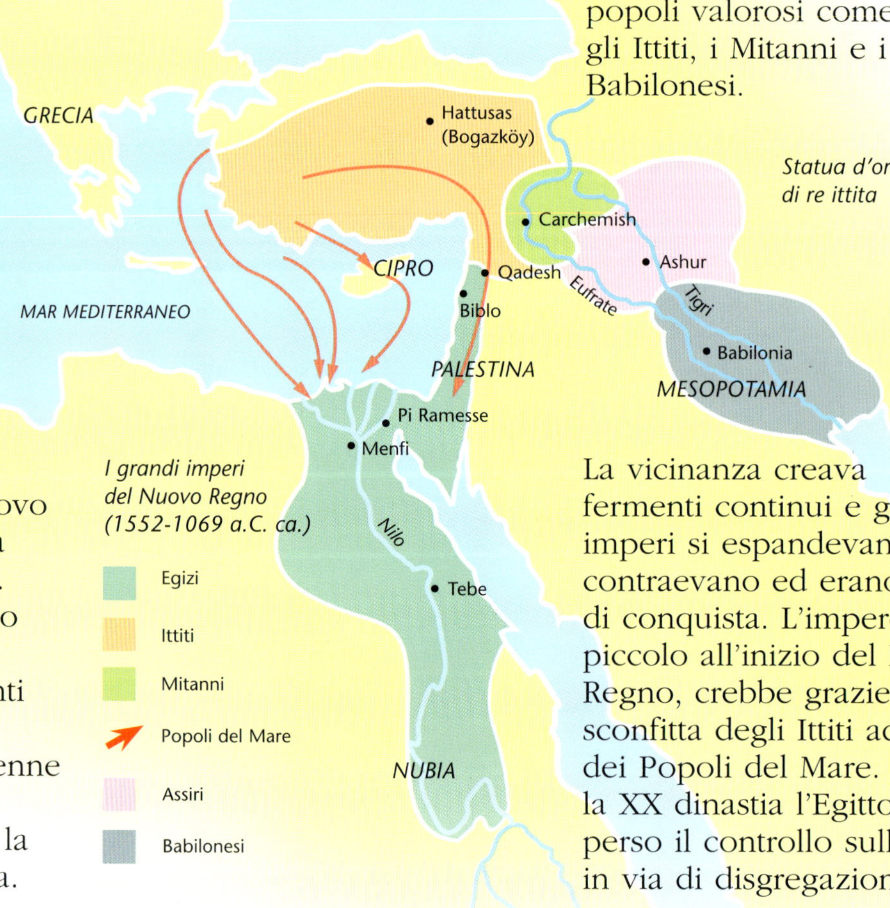

EPOCA D'ORO

Per l'Egitto cominciò un'epoca d'oro, il Nuovo Regno, che durò dalla XVIII alla XX dinastia. Molti sovrani di questo periodo lasciarono dietro di sé monumenti straordinari e fama e l'impero egiziano divenne più grande e potente, specialmente durante la XVIII e la XIX dinastia.

La vicinanza creava fermenti continui e gli imperi si espandevano, si contraevano ed erano oggetto di conquista. L'impero assiro, piccolo all'inizio del Nuovo Regno, crebbe grazie alla sconfitta degli Ittiti ad opera dei Popoli del Mare. Durante la XX dinastia l'Egitto aveva perso il controllo sull'impero, in via di disgregazione.

RICCHEZZA E GRANDIOSITÀ

L'impero significava ricchezza. L'Egitto veniva infatti costantemente rifornito di beni provenienti dai Paesi conquistati. Il fatto di essere una potenza facilitava il commercio, con l'esportazione di cibo e l'importazione di cavalli, legno, metalli e molti altri beni.

I re del Nuovo Regno facevano sfoggio della propria ricchezza con ornamenti elaborati come questo pettorale da portare al collo.

I re, intanto, manifestavano potere e ricchezza facendo erigere opere importanti. Il complesso templare di Karnak, ad esempio, è tra i più rappresentativi. Accanto ai templi esistenti del Medio Regno i re del Nuovo Regno aggiunsero nuovi portali (detti piloni), sale e obelischi.

NUOVE TOMBE

Poiché la capitale era stata trasferita a Tebe, occorreva un nuovo luogo di sepoltura per i faraoni. Ebbe così inizio la costruzione di magnifiche tombe in una valle sulla sponda ovest del Nilo, la Valle dei Re (vedi pagine 68-69). L'edificazione di templi funerari sulla stessa sponda garantiva inoltre le offerte quotidiane.

L'INIZIO DEL NUOVO REGNO

I primi re della XVIII dinastia (Amosi, Amenofi I e Thutmosi I) consolidarono il loro potere espandendo l'impero a sud e a nord e introducendo una riforma dell'amministrazione. In questo periodo vissero donne molto potenti: Tetisheri (nonna di Amosi), Ahhotep I (sua madre) e Ahmose Nefertari, sua moglie. Ahmose Nefertari fece le veci del figlio Amenofi I fino a quando questi non raggiunse l'età per governare. Ciò spianò il terreno a una straordinaria futura regina.

Ahmose Nefertari, venerata come dea

LINK INTERNET

L'astronomia nell'antico Egitto e i suoi legami con templi e piramidi. Inoltre, tutto sul tempio di Karnak. Per i link a questi siti vai a:
www.usborne-quicklinks.com/it

Il vasto complesso templare di Karnak in un'immagine di oggi, con il lago sacro e i resti del tempio

LA REGINA CHE DIVENNE FARAONE

La XVIII dinastia non godette di grande stabilità a causa della morte prematura dei re o dei loro eredi. La sposa di Thutmosi II, quarto re della dinastia, prese in mano la situazione. Il suo nome era Hatshepsut.

IL RE-BAMBINO

Hatshepsut non ebbe figli, così il nipote Thutmosi divenne erede al trono. Poiché questi alla morte di Thutmosi II era in tenera età, Hatshepsut assunse la reggenza, facendone le veci fino a quando non poté salire al trono.

L'ORACOLO

Hatshepsut era ambiziosa e il ruolo di reggente non le si confaceva. Alcuni anni dopo, l'oracolo del dio Amon la proclamò re. Fu incoronata e cominciò a indossare le decorazioni regali del faraone, compresa una barba finta.

Statua di Hatshepsut con barba

ESPANSIONE E SCAMBI

Durante i 20 anni del suo regno, Hatshepsut difese i confini dell'Egitto in Nubia e in Siria ed edificò numerosi edifici. Inoltre, ripristinò gli scambi con Punt (che è forse la Somalia), come è illustrato sul suo tempio funerario. Le navi venivano smontate e trasportate dal Nilo al Mar Rosso e riassemblate. La fatica veniva ripagata dalle ricchezze di Punt: alberi di mirra, incenso, ebano, avorio, pelli di leopardo e persino babbuini.

Spedizione di Hatshepsut a Punt. Le piante e gli alberi del lussureggiante e ricco Paese di Punt non crescevano in Egitto.

Gli alberi di mirra venivano imbarcati con tanto di radici.

Lo spettacolare tempio funerario di Hatshepsut con la pendice rocciosa sullo sfondo e il maestoso ingresso

IL MAGNIFICO TEMPIO

Il tempio funerario di Hatshepsut fu costruito a Deir el-Bahari, accanto al tempio di Mentuhotep II (vedi pag. 20). Considerato da molti il più bel tempio sulla sponda ovest del Nilo, fu progettato da Senenmut, il consigliere fidato di Hatshepsut. Senenmut fu inoltre il tutore di Neferura, figlia di Hatshepsut.

Alcuni studiosi ritengono che Senenmut fosse l'amante della regina. Le sue sorti non sono chiare: il suo nome scompare dai documenti, il che induce a pensare che morì probabilmente negli ultimi anni del suo regno.

LA VENDETTA

Durante il regno di Hatshepsut, suo nipote Thutmosi III attese furioso di poter salire al trono che riteneva la regina avesse usurpato. Alla morte di questa, Thutmosi ordinò la distruzione di tutto ciò che ricordava l'odiata zia, tra cui il tempio, che oggi gli egittologi stanno ricostruendo.

Il re guerriero Thutmosi III

LE GUERRE

Dopo la lunga attesa Thutmosi III regnò con successo per oltre trent'anni. Fece edificare molti monumenti ma è rimasto famoso soprattutto per le numerose campagne di conquista che portarono alla massima espansione dell'impero egiziano.

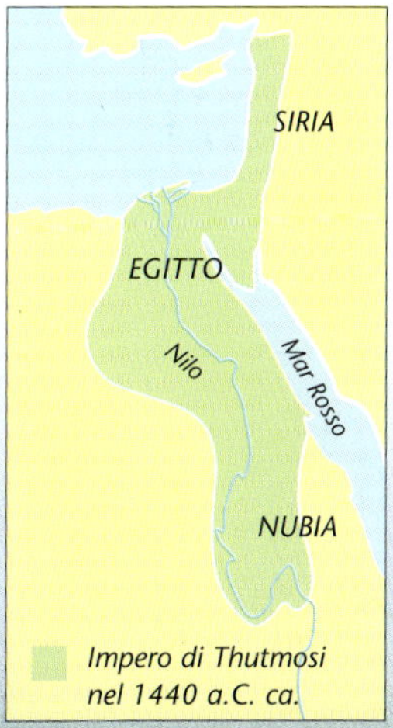

L'impero egiziano nella sua massima estensione

I MITANNI

Ogni primavera Thutmosi lanciava una nuova campagna militare, a sud in Nubia o a nordest in Siria, Canaan e verso il fiume Eufrate. Fu impegnato in ben 17 campagne, molte delle quali dirette contro i Mitanni, che sconfisse in molte occasioni senza però riuscire mai a soggiogarli. I Mitanni furono distrutti da una nuova potenza venuta dal nord: gli Ittiti.

LINK INTERNET

Vuoi saperne di più sull'affascinante storia della regina-faraone Hatshepsut?
Per il link a questo sito vai a: **www.usborne-quicklinks.com/it**

LA RIVOLUZIONE RELIGIOSA

Thutmosi III lasciò dietro di sé un Paese ricco. L'impero non era mai stato così esteso e la pace con i Mitanni fu raggiunta con il nipote Thutmosi IV. Il re successivo, Amenofi III, fu libero di dedicarsi a una vita di lussi e concentrarsi sulla situazione interna. Ciò portò a dei cambiamenti radicali nella religione che scossero l'intero Paese.

IL POTERE DI AMON

I faraoni del Nuovo Regno provenivano da Tebe e di conseguenza il dio di Tebe, Amon, divenne sempre più importante in tutto l'Egitto, con sacerdoti ricchi e potenti. Ma le cose erano destinate a cambiare...

Il dio Amon

NUOVE IDEE

Il lungo e pacifico regno di Amenofi III era ideale per investire tempo e denaro nella vita culturale e in progetti edilizi. Il giovane erede al trono, Amenofi IV, ebbe quindi la possibilità di sviluppare nuove idee, in particolare in campo religioso e artistico.

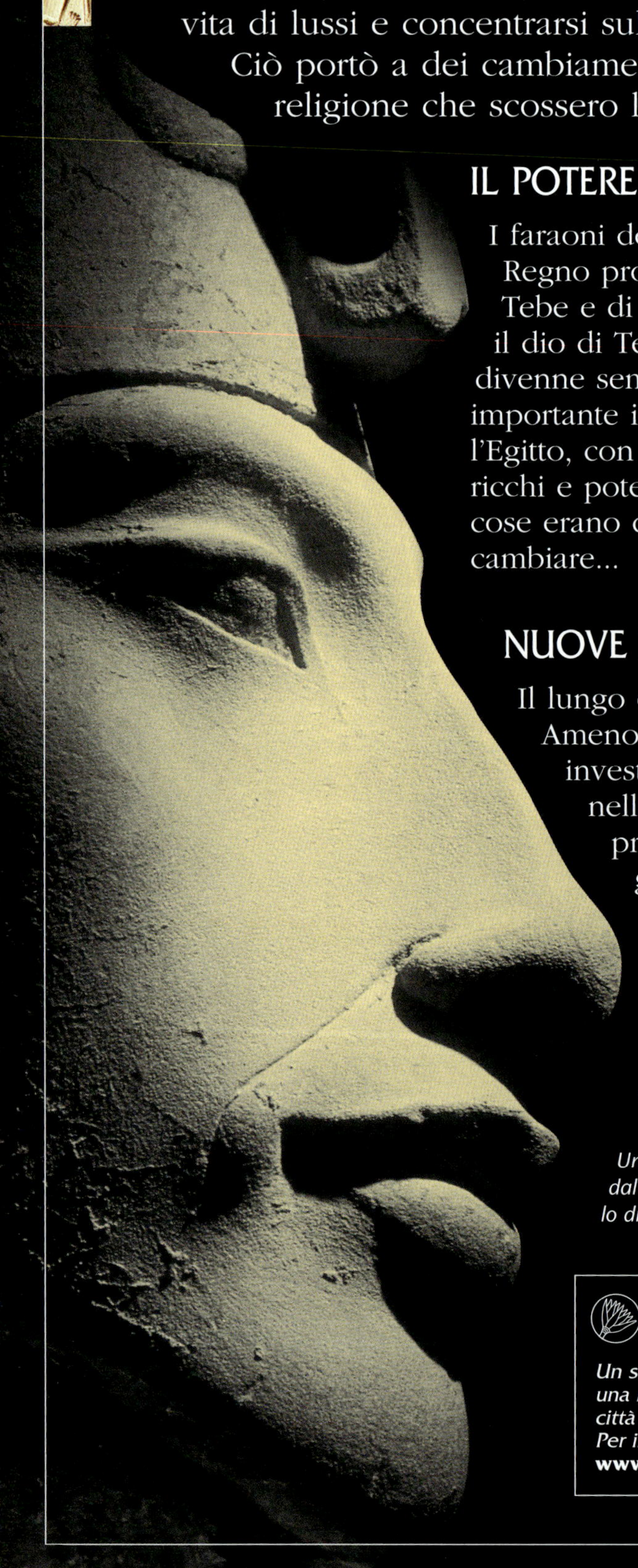

Una delle molte statue di Akhenaton dal caratteristico viso allungato che lo differenzia dagli altri faraoni.

LINK INTERNET

Un sito in inglese dove potrai vedere una ricostruzione computerizzata della città del faraone Akhenaton.
Per il link a questo sito vai a:
www.usborne-quicklinks.com/it

UN UNICO DIO

Amenofi IV ripudiò il culto di Amon e lo sostituì con quello di Aton, il disco solare. Una volta salito al trono, Amenofi IV cominciò a introdurre le sue idee religiose, ordinando ad esempio che il nome di Amon venisse cancellato dai templi e imponendo il culto di Aton. Il re assunse inoltre il nome di Akhenaton, che significa "Colui che è utile ad Aton".

UNA NUOVA CITTÀ

Non volendo vivere a Tebe circondato da immagini di altri dei, Akhenaton fondò una città più a nord e la chiamò Akhetaton (che significa "orizzonte di Aton"). La città si ergeva su una pianura battuta dai venti e circondata da pendici rocciose vicino alla zona di Amarna. Per questo motivo il regno di Akhenaton è anche chiamato "età di Amarna".

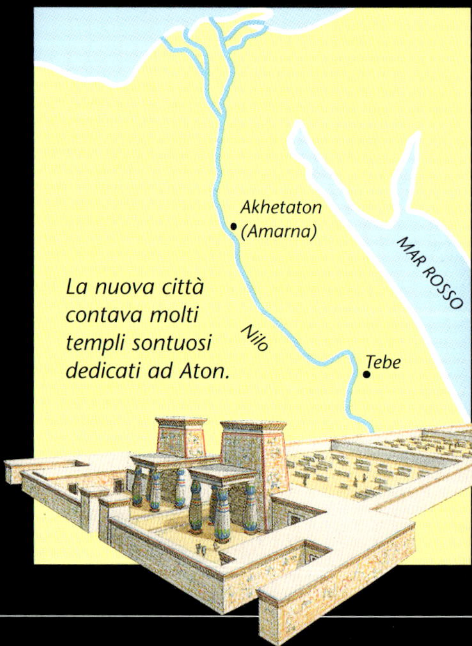

La nuova città contava molti templi sontuosi dedicati ad Aton.

LA BELLA REGINA

Nefertiti era la sposa prediletta di Akhenaton al cui fianco regnò per molti anni. La sua sorte rimane un mistero.

Questo famoso busto ritrae Nefertiti in tutta la sua bellezza.

Nefertiti scomparve dalla scena durante il regno di Akhenaton. Recenti scoperte indicano l'esistenza di un'altra regina di nome Kiya alla quale venne dato il titolo di Amata Consorte e che avrebbe avuto un ruolo importante nella vita del re. Pare che un'altra figura, un giovane o forse una donna, di nome Smenkhkara fosse particolarmente vicino al re negli anni successivi (vedi pag. 28).

UN NUOVO STILE

Akhenaton incoraggiò lo sviluppo di un nuovo stile nella scultura e nella pittura, soprattutto nella prima metà del suo regno. I dipinti lo ritraggono in scene familiari serene, mentre gioca con i figli e abbraccia la regina: un'immagine diversa da quella idealizzata e formale dei faraoni precedenti.

I membri della famiglia sono raffigurati con teste grandi e crani allungati. Il motivo rimane oscuro. Forse questo stile aveva un particolare significato religioso o forse erano affetti da una malattia.

Il re ha un aspetto strano, con fianchi larghi, ventre prominente e volto allungato e sottile.

Akhenaton e la sua famiglia invocano l'Aton. Le loro figure tradivano una malattia?

SGRETOLAMENTO

Assorbito dalle riforme religiose, Akhenaton ignorò la minaccia ittita proveniente dal nord. Ciò ebbe un impatto notevole sull'Egitto: gli Ittiti sottrassero numerose province all'impero egizio, che cominciò a sgretolarsi e non tornò più alle dimensioni del periodo di Thutmosi III.

IL REGNO DI TUTANKHAMON

Alla morte di Akhenaton, l'Egitto si trovava in uno stato di gran confusione. Per gli storici rimangono molti interrogativi aperti sulla sua famiglia e i suoi discendenti. Tutankhamon salì al trono all'età di nove anni e fino alla morte, avvenuta a soli 19 anni, regnò con l'aiuto di validi consiglieri.

I MISTERI DI AMARNA

Gli ultimi anni di Akhenaton sono avvolti dal mistero. È probabile che Smenkhkara abbia governato per qualche tempo insieme al re o abbia sostituito Nefertiti come co-reggente ma potrebbe trattarsi di un altro nome adottato dalla stessa Nefertiti.

LA TOMBA KV55

Al mistero sull'identità di Smenkhkara ha contribuito la scoperta, nel 1907, della mummia di un uomo sepolto nella Valle dei Re in una tomba contrassegnata KV55. La mummia era molto fragile e cadde in pezzi durante il recupero, rendendone impossibile l'identificazione. Era Smenkhkara o Akhenaton? La teoria più diffusa è che si tratti di Akhenaton ma manca la conferma.

La cosa certa è che il successore di Akhenaton fu Tutankhaton. Questi era probabilmente il figlio di Kiya e Akhenaton e lo sposo di Ankhesenpaaten, una delle figlie di Akhenaton: il matrimonio tra fratello e sorella nell'ambito della famiglia reale era infatti ammissibile.

Nonstante il breve regno, il re-bambino Tutankhamon fu sepolto con tesori incredibili come questa statua d'oro.

Vaso canopo in alabastro probabilmente raffigurante l'Amata Consorte, Kiya

IL BREVE REGNO DEL RE-BAMBINO

Salito al trono, Tutankhamon lasciò la citta di Akhetaton e si stabilì a Tebe. Cambiò il suo nome da Tutankhaton (cioè "Immagine vivente dell'Aton") a Tutankhamon ("Immagine vivente di Amon"), rendendo così chiara la sua intenzione di non voler aderire alla religione imposta da Akhenaton. Tutankhamon s'impegnò a promuovere il ritorno alla tradizione e il dio Amon-Ra venne dichiarato nuovamente la somma divinità.

Tutankhamon dovette contare sui consiglieri più anziani per gran parte del suo regno. Uno di essi, Ay, servì come generale per molti anni. Fu Ay a salire al trono quando il re morì senza lasciare eredi.

LINK INTERNET

Altre informazioni sul faraone-bambino Tutankhamon e splendide foto della sua tomba. Per il link a questo sito vai a:
www.usborne-quicklinks.com/it

Dipinto nello stile amarniano (vedi pag. 27) raffigurante le figlie di Akhenaton

PESTE?

Alla morte di Tutankhamon accadde un episodio alquanto strano. La giovane vedova Ankhesenamun scrisse al re degli Ittiti implorandolo di darle un marito. Il sovrano ittita inviò il proprio figlio, che però fu assassinato durante il viaggio.

Si tratta di un episodio insolito, in quanto le donne egiziane non sposavano uomini stranieri. La regina tuttavia specificò nella lettera che non intendeva unirsi in matrimonio con un "servo", riferendosi probabilmente al basso rango dell'anziano Ay. Un'altra ipotesi potrebbe essere una terribile peste che colpì Egizi e Ittiti senza risparmiare i membri della famiglia reale. Questa spiegazione risolverebbe anche il mistero della scomparsa delle figlie di Akhenaton.

Uno dei troni di Tutankhamon raffigura Ankhesanpaamun che massaggia il re con unguenti.

ASSASSINIO?

Il regno di Ay durò solo quattro anni. Alla sua morte, un potente generale di nome Horemheb si insediò sul trono. Uomo privo di scrupoli, si prefissò di cancellare la memoria di Akhenaton, Tutankhamon e Ay, rimuovendone il nome da dipinti e statue. Horemheb potrebbe essere anche il responsabile dell'assassinio del principe ittita.

Raffigurazione sulla tomba di Tutankhamon in cui Ay celebra il rito della "apertura della bocca" (vedi pag. 61), di solito eseguito dal figlio ed erede del re defunto.

IL REGNO DI HOREMHEB

Nonostante il suo nebuloso passato, Horemheb diede stabilità al paese per quasi 28 anni. Riformò l'esercito, rafforzò le difese ai confini e riportò anche ordine nell'amministrazione locale e centrale. Si attribuì inoltre il merito di varie costruzioni che spetta invece a Tutankhamon.

Horemheb

RAMESSE II

La XVIII dinastia ebbe fine con il regno del sovrano Horemheb, il quale nominò Ramesse, fondatore della XIX dinastia, come suo successore. Il regno del terzo re della dinastia, Ramesse II, fu straordinario a causa della sua lunghezza (fu uno dei più lunghi della storia egiziana) e dell'opera di autoglorificazione del sovrano stesso.

Ramesse I, qui accolto dagli dei nell'oltretomba, fu il primo di una lunga serie di Ramesse.

RAMESSE I E SETY I

Salito al trono in tarda età, l'ex generale Ramesse I regnò per soli due anni. Il figlio Sety I, suo successore, decise di ricostruire l'impero perduto durante il regno di Akhenaton. Condusse varie campagne di conquista in Palestina, spingendosi fino in Siria e scontrandosi con gli Ittiti a nord. Non appena Sety I tornava vittorioso in patria, tuttavia, i nemici tornavano ad occupare i territori che egli aveva conquistato.

REGNO LEGGENDARIO

Il regno di Ramesse II, figlio di Sety I, fu uno dei più lunghi della storia. Durò infatti oltre 67 anni, ossia fino alla morte del re ultraottantenne. Nel corso del suo lungo regno il re ebbe molte mogli e numerosi figli. Pare tuttavia che un posto importante nel suo cuore fosse occupato dalla regina prediletta Nefertari, alla quale dedicò un tempio ad Abu Simbel e una bellissima tomba nella Valle delle Regine (vedi pag. 69).

Statua di granito di Ramesse II con scettro

GLORIFICAZIONE

Ramesse II si dimostrò abile nel pubblicizzare la propria immagine. Dichiarò ad esempio di essere figlio del dio Amon e promosse opere monumentali come il Ramesseo (il suo tempio funerario), la sala ipostila di Karnak e i maestosi templi di Abu Simbel. Molti altri templi furono invece modificati in modo da attribuire il merito della loro edificazione a Ramesse.

LINK INTERNET

Tante informazioni per saperne di più sulle imprese del grande faraone Ramesse II e sulla famosa battaglia di Qadesh.
Per i link a questi siti vai a:
www.usborne-quicklinks.com/it

GLI ITTITI

Ramesse II continuò la campagna iniziata dal padre per riconquistare la Palestina e la Siria all'impero egiziano. Ciò portò a nuovi scontri con gli Ittiti e, nel quinto anno del suo regno, alla battaglia di Qadesh in Siria, lungo la frontiera egiziana. Nonostante Ramesse dichiarasse di aver riportato una straordinaria vittoria, in realtà l'esercito egiziano per poco non fu sconfitto. La battaglia venne raffigurata sulle pareti di molti templi, come quello di Abu Simbel e nella sala ipostila di Karnak.

Sulle pareti del tempio di Abu Simbel, Ramesse è raffigurato mentre trucida i nemici.

L'IMBOSCATA

Durante la battaglia di Qadesh, fingendo una ritirata, l'esercito ittita circondò una divisione dell'esercito egiziano. Ramesse, a capo della divisione Amon braccata dai nemici, diede prova di grande eroismo nello spronare i suoi uomini in attesa di rinforzi. Gli Egiziani resistettero e alla fine entrambi gli eserciti si ritirarono stremati. Ciò portò ad una situazione di stallo.

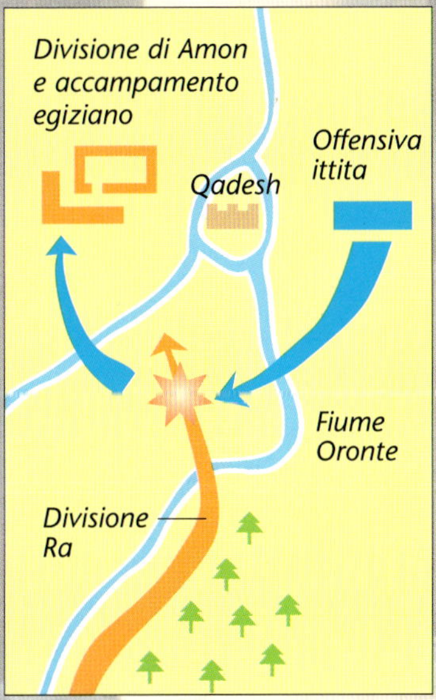

Carta della battaglia

IL TRATTATO E LA MOGLIE

Dopo varie dispute, Ramesse e il re ittita firmarono un trattato di pace. Allo scopo di suggellare il patto Ramesse prese in sposa una principessa ittita. La pace fu assicurata per l'intero regno di Ramesse e oltre, fino alla caduta dell'impero ittita nel 1196 a.C. ca.

UNA NUOVA CAPITALE

Desideroso di controllare la Palestina e la Siria, Ramesse decise di fondare una capitale vicino a quei territori. La nuova città, detta Pi Ramesse, sorse sul luogo occupato dalla capitale degli Hyksos, Avari. Decantata dai poeti per la sua bellezza, fu capitale fino alla fine del Nuovo Regno.

Nella battaglia di Qadesh, Ramesse (che indossa il khephresh, l'elmo azzurro) sorprese gli Ittiti caricandoli a tutta forza.

Gli Egizi, sopraffatti numericamente dagli Ittiti, si difesero valorosamente.

LA FINE DEL NUOVO REGNO

Nessuno fu più in grado di uguagliare la grandezza di Ramesse II. La XIX dinastia cadde nel giro di pochi decenni e i re del Nuovo Regno cercarono inutilmente di emulare il grande faraone, spesso assumendone il nome, come dimostra la serie di Ramesse della XX dinastia. Il Nuovo Regno si dissolse ed ebbe inizio il terzo periodo Intermedio.

MINACCE

Durante il regno di Merenptah, successore di Ramesse, nuove minacce si presentarono sulla scena. La prima giunse dall'ovest, dall'odierna Libia, da dove arrivarono genti desiderose di stabilirsi nel Delta del Nilo, forse a causa di una carestia. Merenptah respinse questa ondata.

La seconda minaccia era più seria. I "Popoli del Mare", come gli Egizi chiamavano le popolazioni del Mediterraneo, cercarono di invadere l'Egitto. Merenptah li sconfisse, ma vent'anni più tardi l'attacco si sarebbe ripetuto.

RAMESSE III

Il secondo re della XX dinastia, Ramesse III, cercò di uguagliare Ramesse II ma dovette affrontare molti problemi. I Libici tentarono di nuovo di invadere e molti si stabilirono nel Delta. I Popoli del Mare sferrarono un altro attacco e Ramesse li affrontò in battaglia sul mare e a terra. L'Egitto ne uscì vittorioso ma provato e perse ben presto gran parte del suo impero.

Guerriero filisteo dei Popoli del Mare

SCIOPERO!

Ramesse III promosse alcuni progetti edilizi, tra cui quello del suo tempio funerario a Medinet Habu. Quando il governo inefficiente non pagò gli operai, questi protestarono. Fu il primo sciopero documentato della storia.

COMPLOTTO

La famiglia di Ramesse creava ulteriori problemi. Una delle mogli tramò il suo assassinio per sostituirgli il figlio. La congiura fallì e fu seguita da un grande processo. Molti imputati furono giudicati colpevoli: 17 vennero giustiziati, mentre agli altri fu "concesso" il suicidio o subirono l'amputazione di orecchie e naso. A Ramesse III successe un altro dei suoi figli. La XX dinastia contò altri sette Ramesse, di cui nessuno degno di nota.

Scena di battaglia tra Egizi e Popoli del Mare (riproduzione di un rilievo egiziano)

TOMBAROLI

Durante il regno di Ramesse IX scoppiò uno scandalo che durò 20 anni. Le tombe dei nobili e quelle di alcuni re furono derubate. Lo scandalo era causato dal fatto che alcuni dei ladri lavoravano nei templi e uno dei sospettati fu addirittura il sindaco di Tebe.

I tombaroli agivano con rapidità.

Si svolse un grande processo e, anche se nessuna figura importante fu giudicata colpevole, i ladri furono condannati alla morte crudele dell'impalamento (infilzati su un palo).

Nonostante il processo, il problema dei furti alle tombe, soprattutto a quelle reali, continuò. Nel corso della XXI dinastia i sacerdoti decisero di trasferire le mummie più importanti in un luogo sicuro. Quelle di Ramesse II e di Sety I furono portate in un "nascondiglio" a Deir el-Bahari; altre vennero nascoste nella tomba di Amenofi II nella Valle dei Re.

Le tre mummie qui accanto, ritrovate a Deir el-Bahari, sono Sety I, Ramesse IV e Ramesse II.

I FUNZIONARI

Gli ultimi re della XX dinastia cominciarono a perdere man mano il controllo della situazione. La Nubia si staccò dall'impero e l'amministrazione pubblica divenne caotica. La debolezza dei re facilitò l'ascesa politica di generali dell'esercito, visir e sacerdoti. Alla fine della XX dinastia un generale di nome Heri-Hor governava di fatto l'Egitto e assunse persino il titolo di sommo sacerdote di Tebe.

LINK INTERNET

Tutto sui faraoni e la storia del Nuovo Regno. Inoltre, altre notizie sui nascondigli delle mummie reali. Per i link a questi siti vai a:
www.usborne-quicklinks.com/it

CONFUSIONE

I tempi gloriosi dell'Egitto erano ormai lontani. Il Paese giunse alla fine del Nuovo Regno indebolito e il terzo periodo Intermedio iniziò all'insegna della confusione e della divisione, seguite da un alternarsi di dominatori stranieri.

Gli assiri saccheggiano i templi di Tebe nel 665 a.C.

TANIS E TEBE

Ramesse XI morì nel 1069 a.C. ca. lasciando il potere nelle mani di due uomini, forse figli di Heri-Hor: Smendes nella capitale Pi Ramesse e il sommo sacerdote Pinudjem a Tebe.

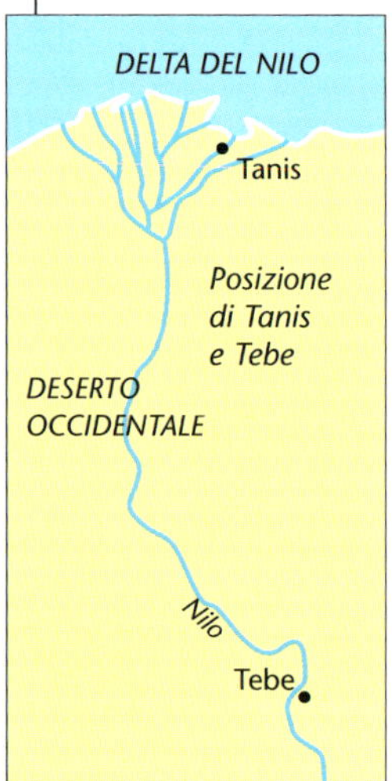

Smendes si proclamò re, dando inizio alla XXI dinastia, e trasferì la capitale a Tanis. La città ricordava Tebe, con templi dedicati ad Amon e a Mut. Pinudjem dapprima riconobbe come re Smendes, ma più tardi si autoproclamò sovrano. Nei seguenti 100 anni il governo fu diviso tra Tanis e Tebe

I re di Tanis furono sepolti nella capitale, dove sono stati ritrovati tesori bellissimi, tra cui il sarcofago d'argento di Psusennes I, uno dei re della XXI dinastia.

I LIBICI

Il declino della dinastia dei re di Tanis diede ai capi libici, stabilitisi nel Delta del Nilo, l'occasione per impossessarsi del potere. I faraoni libici formarono la XXII dinastia.

Il primo re della dinastia fu Shoshenq I, ex comandante generale dell'esercito che assunse il titolo di faraone nel 945 a.C. ca. Fece sposare uno dei figli con l'erede al trono di Tanis e ne nominò un altro sommo sacerdote di Tebe, riunificando così di fatto l'Egitto.

La maschera d'oro a destra è ricavata da un'unica lamina d'oro. Fu ritrovata a Tanis e apparteneva al re della XXII dinastia, Shoshenq II.

GERUSALEMME

I re libici intendevano espandere nuovamente l'impero egiziano ad est, ed il re Shoshenq I riportò alcune vittorie in Palestina: Gerusalemme fu saccheggiata nel 925 a.C. ca. e molti tesori del suo grande tempio furono sottratti. Gli Egizi non riuscirono tuttavia ad imporsi in modo permanente sulla regione.

Gli spietati soldati assiri uccisero schiere di Egiziani.

Tutto l'oro dei templi venne rubato.

Gli Assiri bruciarono tutto ciò che non potevano portar via.

I RE NUBIANI

Il periodo dei re libici terminò nella confusione di un governo in mano a vari principi. I Nubiani, ribellatisi al potere degli Egiziani durante il regno di Ramesse XI, si spinsero a nord nel 728 a.C. ca. guidati da Piankhy.

I Nubiani avevano adottato molte tradizioni egiziane e veneravano sopra tutti il dio Amon. Perciò Piankhy scelse Tebe come sede della XXV dinastia e dopo varie guerre contro i principi del Delta fu riconosciuto re dell'Egitto.

Sfinge-ritratto di Taharqo, re della XXV dinastia

GLI ASSIRI

Durante il periodo nubiano la situazione nel Vicino Oriente era di nuovo cambiata. Gli Assiri erano diventati la maggiore potenza e nel 750 a.C. ca. controllavano gran parte della Mesopotamia e della Palestina. I re nubiani si allearono ai re della Palestina per fermarne l'avanzata, ma così facendo attirarono l'attenzione degli Assiri sull'Egitto. Gli Assiri invasero il Delta due volte ma i re nubiani continuarono a ribellarsi. Alla fine gli Assiri decisero di dare una lezione all'Egitto.

IL SACCO DI TEBE

Con l'aiuto dei principi del Delta, gli Assiri marciarono su Tebe nel 665 a.C., saccheggiandone e incendiandone i templi. Il re nubiano Tanut-Amon fu costretto a fuggire in Nubia, ponendo così fine al governo nubiano in Egitto.

LINK INTERNET

Scopri altre notizie sugli Assiri e sul Terzo Periodo Intermedio. Per i link a questi siti vai a: **www.usborne-quicklinks.com/it**

GLI ULTIMI RE

La XXVI fu l'ultima grande dinastia di re egiziani. I sei secoli prima della nascita di Cristo videro l'ascesa di imperi nel Vicino Oriente e in Europa il cui destino influenzò anche l'Egitto. Nel IV secolo a.C. i re egiziani tornarono brevemente al potere, dopo di che la civiltà egizia fu definitivamente assoggettata.

I RE DI SAIS

Dopo l'invasione, gli Assiri tornarono nei loro territori, imponendo tuttavia dei tributi sui principi egiziani. La ribellione non si fece attendere e un anno più tardi, nel 664 a.C., il principe Psammetico di Sais, nel Delta, si rifiutò di pagare. Proclamatosi re, riunificò l'Egitto fondando la XXVI dinastia con cui ha inizio l'Epoca Tarda.

I circa 150 anni della XXVI dinastia furono un periodo di grande prosperità. I re di Sais, desiderosi di ripristinare la grandezza passata, realizzarono numerosi progetti edilizi e cercarono di espandersi di nuovo a oriente. Il re Nekas II cominciò persino a costruire un canale tra il Nilo e il Mar Rosso.

Bare e statua della XXVI dinastia che testimoniano la bellezza dell'arte del periodo.

TIRANNIA PERSIANA

Un altro grande impero avrebbe assoggettato l'Egitto. Nell'anno 525 a.C. l'ultimo re di Sais, Psammetico III, fu infatti sconfitto dai Persiani. I Persiani controllarono l'Egitto per circa 120 anni, attraverso un governatore locale, detto satrapo. Ma nonostante governassero a distanza, i Persiani non erano benvoluti. L'unico a visitare l'Egitto personalmente fu Cambise II. L'imperatore Dario, suo successore, si dimostrò più rispettoso dei costumi egiziani.

L'imperatore persiano Dario

I GRECI

Nell'Epoca Tarda molti Greci si stabilirono in Egitto, prima come mercanti e poi come mercenari. I Greci erano affascinati dalla cultura egiziana e adottarono molti costumi locali, combattendo anche per l'Egitto. Durante il periodo persiano l'Egitto formò una serie di alleanze con la Grecia.

Mosaico romano che raffigura Alessandro Magno.

LINK INTERNET

Alla scoperta della città fondata da Alessandro Magno e i ritrovamenti fatti ad Alessandria d'Egitto
Per i link a questi siti vai a:
www.usborne-quicklinks.com/it

ULTIMI RE EGIZIANI

Le frequenti ribellioni degli Egizi contro il dominio persiano portarono nel 404 a.C. ca. all'indipendenza.

Questo breve e ultimo periodo dell'indipendenza egiziana durò solo 60 anni, che però furono ricchi di avvenimenti. I Greci e gli Egiziani furono impegnati in una guerra perenne per tenere a bada la minaccia persiana. Infine i Persiani di Artaserse II ebbero la meglio e l'ultimo re egiziano, Nectanebo II, fu costretto alla fuga.

ALESSANDRO MAGNO

Nel 334 a.C. Alessandro Magno, re di Macedonia (nella Grecia settentrionale) fondava un altro grande impero. Sceso in Egitto, cacciò i Persiani nel 332 a.C. Gli egiziani l'accolsero come un eroe e un oracolo lo dichiarò figlio di Amon. Alessandro fondò una nuova capitale, Alessandria, sulla costa mediterranea. Alla sua morte a soli 32 anni, nel 323 a.C., l'impero fu ripartito fra tre generali e l'Egitto cadde sotto il controllo di Tolomeo.

I TOLOMEI

Tolomeo e i suoi discendenti governarono l'Egitto per quasi 300 anni. Tutti i sovrani si chiamarono Tolomeo e le regine Cleopatra, Arsinoe e Berenice.

La dinastia tolemaica impose il greco come lingua ufficiale. Nonostante considerasse la cultura greca superiore a quella egiziana, si stabilì in Egitto e cercò di ottenere il favore dei sudditi rispettandone le tradizioni ed edificando costruzioni nello stile egiziano.

Parte del tempio di Iside a File ricostruito nel periodo Tolemaico

Il re Nectanebo II, che aveva fama di mago, fa un'offerta agli dei.

L'ULTIMA REGINA

Cleopatra, una delle più famose regine d'Egitto, era di origine greca e apparteneva alla dinastia tolemaica. Tuttavia, come dimostra la sua storia, l'ultima sovrana dell'Egitto fece di tutto per evitare che quello che considerava il suo Paese perdesse l'indipendenza.

Moneta con effigie di Marco Antonio

I ROMANI

Intorno all'anno 100 a.C. una nuova forza stava guadagnando terreno nel Mediterraneo: i Romani. Mentre l'impero romano era in ascesa, quello di Alessandro Magno si disintegrava lentamente. I Tolomei furono ben presto costretti a riconoscere il potere di Roma, anche se i senatori romani consentirono loro di continuare a governare. La situazione però sarebbe cambiata...

CLEOPATRA VII

Cleopatra VII divenne regina nel 51 a.C. quando sposò suo fratello, Tolomeo XIII. Contraria all'unione, si scontrò con i consiglieri del re e la situazione degenerò in una guerra civile che richiese l'intervento del generale Giulio Cesare. Cleopatra riuscì ad ottenere il favore di Cesare diventandone l'amante.

Tolomeo fu assassinato e Cleopatra divenne l'unica sovrana dell'Egitto. Quando anche Cesare fu assassinato, la regina si alleò con il nipote di lui, Marco Antonio, di cui fu anche l'amante. Non tollerando rivali ad oriente, il successore di Giulio Cesare, Ottaviano, dichiarò guerra a Cleopatra e Marco Antonio, i quali furono sconfitti ad Azio nel 31 a.C.

Per evitare ulteriori umiliazioni, Cleopatra si avvelenò con un aspide (serpente velenoso) e Marco Antonio si uccise con una spada. L'Egitto divenne allora parte dell'impero romano.

Elisabeth Taylor nel ruolo di Cleopatra nel film omonimo. Alle sue spalle un'illustrazione della battaglia di Azio, in cui Cleopatra e Marco Antonio furono sconfitti da Ottaviano.

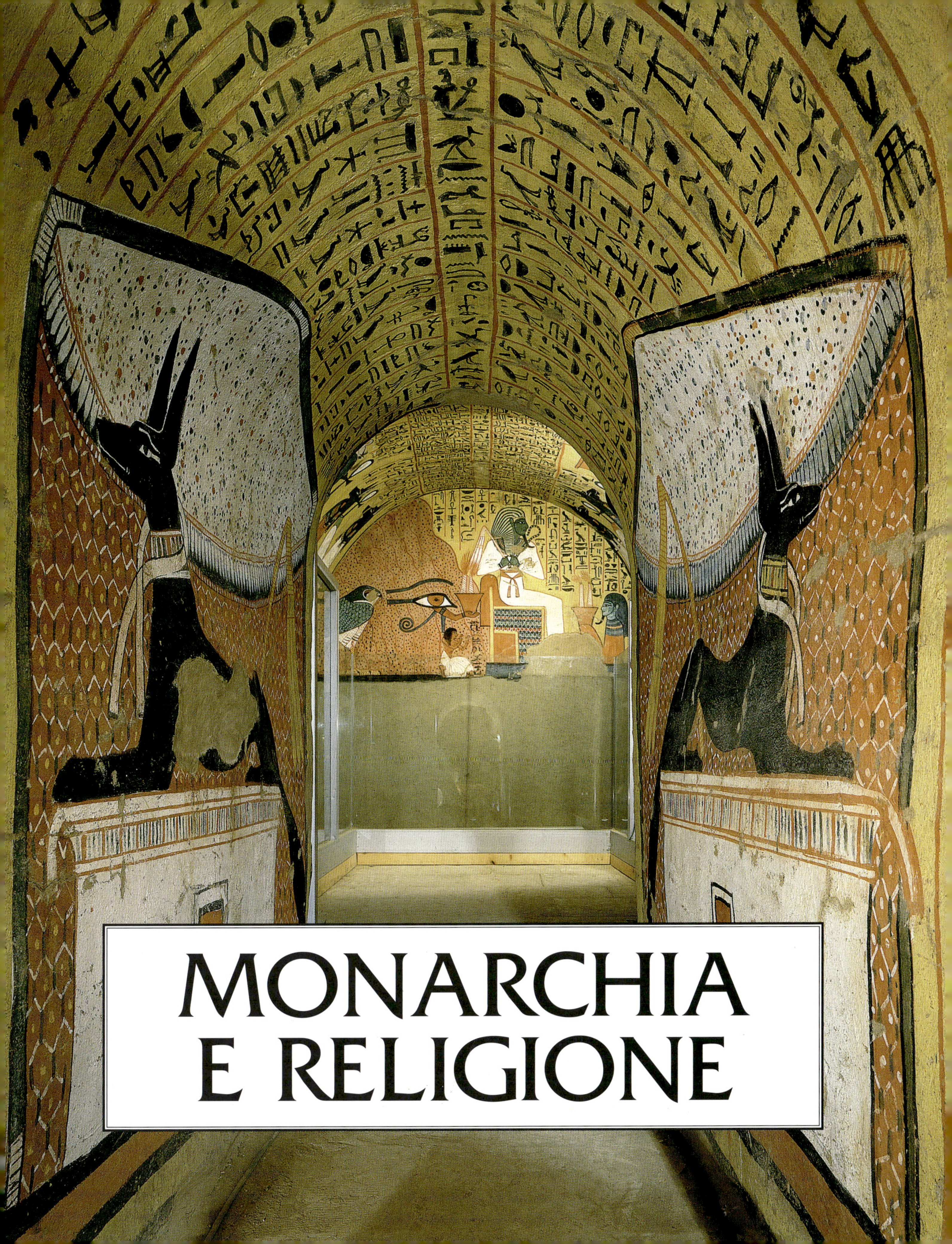

MONARCHIA E RELIGIONE

IL RE

Il sovrano era più che un monarca: rappresentava gli dei e aveva poteri assoluti. Si credeva persino che potesse portare la pioggia. Il rispetto di giustizia e clemenza, il principio del *maat*, era tuttavia fondamentale.

ORIGINI DIVINE

Gli Egiziani credevano che in origine gli dei vivessero sulla Terra e dominassero l'Egitto. Il re era Horus, il dio falco e Osiride governava il Regno dei morti. Quando il regno terreno degli dei cessò, Horus inviò il suo spirito nella persona del re. Alla sua morte, il re diveniva tutt'uno con Osiride e il ruolo di Horus passava al sovrano successivo.

IL NOME DEL RE

L'importanza del re era tale da non permettere riferimenti diretti. I sudditi usavano "per-aa", parola che significa "reggia", da cui proviene "faraone". I re avevano due nomi: quello di "Figlio di Ra", ricevuto alla nascita e quello di *nsw-bity* dell'incoronazione. *Nsw-bity* significa "Re dell'Alto e del Basso Egitto". Noi di solito utilizziamo il nome "Figlio di Ra".

Particolare del sarcofago di oro massiccio di Tutankhamon. Il re impugna lo scettro e la frusta e ha un cobra e un avvoltoio sulla fronte.

LE CORONE

Il faraone viene spesso raffigurato con la corona rossa del basso Egitto, la corona bianca dell'Alto Egitto o una doppia.

Nel Nuovo Regno fece la comparsa una nuova corona blu, detta khephresh: più simile ad un elmo che ad una vera corona, rifletteva l'importanza del ruolo del re come guerriero.

Khephresh

Il sovrano viene talvolta raffigurato con indosso l'atef, una corona alta adornata di piume di struzzo che aveva un significato religioso.

Atef

Il menes era un lungo copricapo a righe. Come in altre corone, la testa di un avvoltoio e di un cobra rappresentavano Nekhbet e Uadjet, dee protettrici del re.

Menes

SIMBOLI REGALI

Nelle pitture e nei rilievi i faraoni impugnano spesso le insegne regali (simboli). Le più importanti erano il bastone da pastore e la frusta. Il bastone simboleggiava il re-pastore, protettore dei suoi sudditi. La frusta, usata per sferzare, rappresentava la punizione con cui il re colpiva i nemici.

Nelle scene di guerra il faraone brandisce di solito una mazza (bastone con sfera di pietra) per abbattere i nemici. Nell'aldilà stringe l'*ankh*, simile a una croce, che significava "vita" e con il quale sono spesso raffigurati anche gli dei.

La mazza e l'ankh, il simbolo della vita

POTERE SIMBOLICO

L'arte egiziana esprimeva talvolta la potenza del re raffigurandolo come un animale audace, ad esempio un leone o una sfinge. Ciò ricordava che era un dio e poteva apparire sotto sembianze diverse.

Un'altra immagine era quella del toro forte, che diede origine all'Heb Sed, la "festa della coda". Il costume del re aveva la coda di un toro, come si può vedere in alcune illustrazioni.

Durante la festa, il re doveva cimentarsi in una corsa cerimoniale per dare prova di forza e rinnovare il proprio vigore. L'Heb Sed doveva corrispondere al trentesimo anniversario del regno, ma in realtà i re lo celebravano più spesso, specialmente per rafforzare la salute o dopo una sventura.

LE REGINE

Il sovrano era di norma un uomo e aveva una "prima" regina e altre regine "secondarie". La "prima" regina era spesso la sorella o la sorellastra del re. Nelle statue più antiche e nei rilievi le regine sono più piccole del re, a dimostrazione della loro minore autorità. Nel Nuovo Regno, però, le regine assunsero maggiore importanza e furono considerate l'incarnazione della dea Hathor, moglie di Horus.

La sfinge simboleggia il potere del faraone-donna Hatshepsut.

La festa di Heb Sed aveva luogo nello spiazzo della piramide a gradoni di Saqqara. Il re correva per dimostrare il proprio vigore.

L' Heb Sed, come tutte le cerimonie egiziane, aveva significato religioso ed era presenziato dai sacerdoti.

GOVERNO E POTERE

Sebbene il sovrano godesse di potere assoluto, di fatto gran parte del lavoro era svolto dai suoi ministri. Il governo dell'antico Egitto era molto organizzato, con vari ministeri e funzionari. Le regole erano ben definite e tutto veniva messo a verbale.

STRUTTURA DEL GOVERNO

Il governo dell'antico Egitto era molto centralizzato e tutte le decisioni importanti spettavano al re. Un sovrano incompetente poteva causare vere e proprie crisi di governo.

Le decisioni del sovrano erano eseguite dai ministri. Poiché le alte cariche erano nelle mani di poche famiglie, diventare ministro non era facile. Tuttavia, chi era in grado di pagare per gli studi ed era capace, poteva farsi strada.

MINISTERI

Dopo il re, i funzionari più importanti erano i due visir (dell'Alto e Basso Egitto) e il viceré di Kush che governava in Nubia. I visir erano a capo di tutti i ministeri e del sistema giudiziario. Era loro compito riscuotere le tasse, e si occupavano inoltre dei programmi legati all'edilizia e all'irrigazione nonché delle pubbliche relazioni e molto altro ancora. Sempre dai visir dipendevano l'esercito, i sacerdoti e i responsabili di altri ministeri, i più importanti dei quali erano Tesoro, Granai e Opere reali (costruzioni).

Nella gerarchia del governo, sotto al re venivano i visir e poi le altre cariche.

In questa pittura murale i funzionari misurano la "quota" dovuta da un agricoltore.

TASSE E DENARO

Fino al periodo persiano gli Egizi non usavano la moneta e il pagamento avveniva con scambio di prodotti o manodopera. Le tasse, ad esempio, erano pagate con parte del raccolto o dei manufatti o con il lavoro.

La tassa pagata con il lavoro viene oggi detta "corvée". Era un sistema molto comune, utilizzato per vari scopi, dalla costruzione di canali ai lavori edilizi. È proprio grazie alle corvée che furono costruite le piramidi.

SACERDOTI E GENERALI

Le altre due sfere che offrivano lavori di alto livello erano l'esercito (soprattutto dal Nuovo Regno in poi) e i templi.

Questa statua lignea ritrovata sulla riva ovest a Tebe è del sacerdote Kaaper.

La forza dell'Egitto dipendeva dall'esercito e i generali godevano di influenza e potere. Alcuni, come Horemheb e Ramesse I, divennero addirittura re.

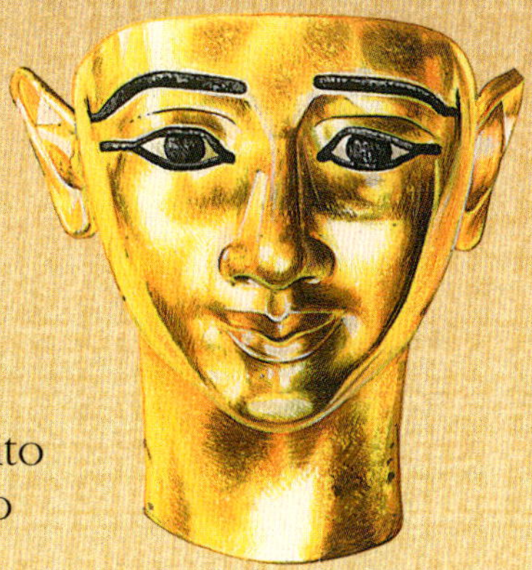

Maschera funeraria d'oro di un generale

I templi erano sì centri di culto ma anche di amministrazione: lì si riscuotevano le tasse per conto del re. Questo conferiva un grande potere al sommo sacerdote.

LINK INTERNET

Scopri altri particolari interessanti sull'organizzazione sociale dell'antico Egitto.
Per i link a questi siti vai a:
www.usborne-quicklinks.com/it

GIUSTIZIA

Gli Egizi potevano ricorrere al tribunale per risolvere eventuali controversie. Gli imputati venivano in genere trattati con equanimità sebbene, per farli confessare, fossero ammesse le percosse. Se poi i tribunali locali o quelli distrettuali non riuscivano a risolvere un caso, questo passava al visir o persino al re stesso. Assistere ai processi era un passatempo molto comune.

I condannati potevano ricevere punizioni diverse. I reati gravi venivano puniti con la morte o la mutilazione (del naso, delle orecchie o delle mani), mentre per quelli minori la pena era la fustigazione, un'ammenda e a volte l'esilio in luoghi lontani.

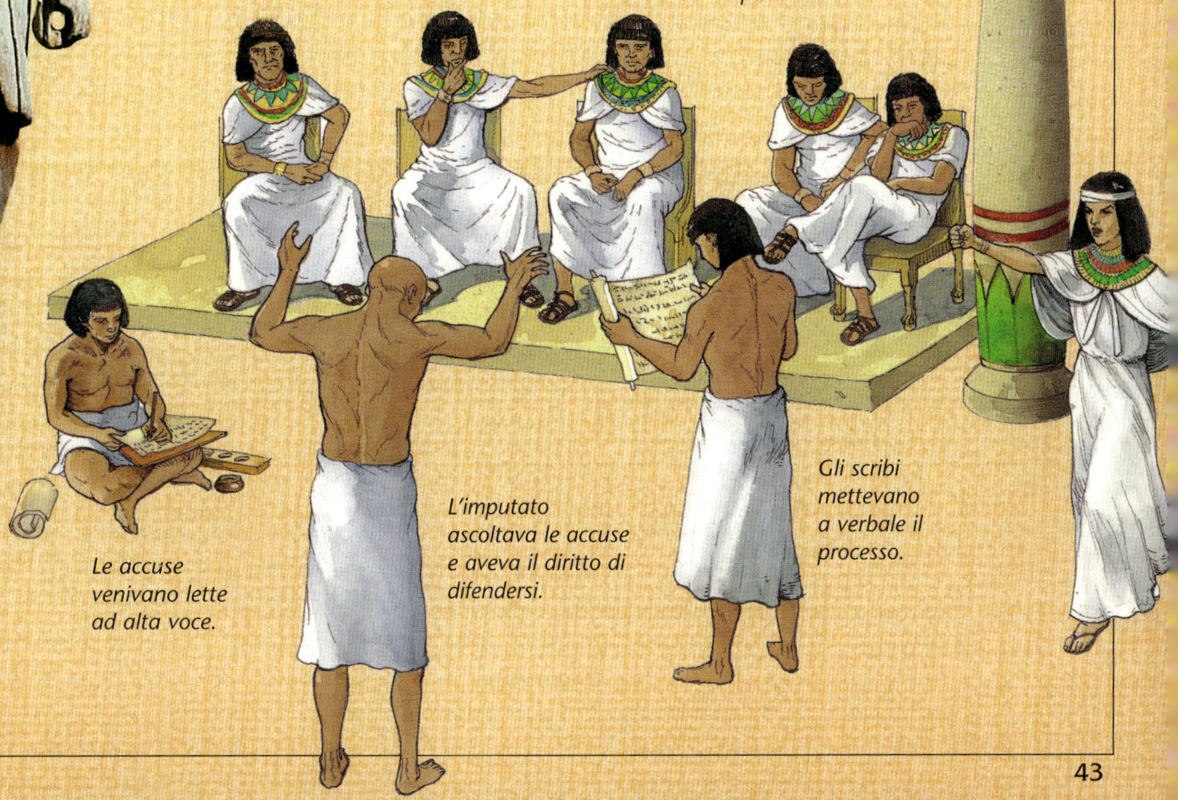

I giudici della corte decidevano la colpevolezza dell'imputato.

Le accuse venivano lette ad alta voce.

L'imputato ascoltava le accuse e aveva il diritto di difendersi.

Gli scribi mettevano a verbale il processo.

L'ESERCITO

L'esercito cambiò moltissimo nel corso della storia egiziana. In alcuni periodi il Paese ne fu addirittura privo e in altri poté contare su tanti piccoli eserciti. Durante il Nuovo Regno l'esercito divenne una grande forza, temutissima dai popoli del Vicino Oriente.

Le mosche d'oro simboleggiavano il valore militare ed erano date in premio ai soldati valorosi.

PRIMI ESERCITI

Nell'Antico Regno l'Egitto era dotato solo di un piccolo esercito di professionisti. I governatori locali, se necessario, avevano a disposizione squadre di uomini su cui contare. Il primo esercito nazionale fu probabilmente creato dai sovrani della XII dinastia del Medio Regno per rinforzare la difesa del Paese e quasi certamente cominciò su scala ridotta.

MEDJAY

A partire dalla VI dinastia l'esercito egiziano poteva contare su un nutrito contingente nubiano. Gli uomini pagati per combattere per un paese straniero sono detti mercenari. Nel Nuovo Regno, una tribù nubiana chiamata Medjay si specializzò nel far rispettare la legge e l'ordine e col tempo il nome "Medjay" divenne sinonimo di forza di polizia.

Modellini di soldati nubiani ritrovati in una tomba del Medio Regno

I soldati nubiani, qui con arco e frecce, erano abili arcieri.

STRUTTURA DELL'ESERCITO

Le frequenti guerre del Nuovo Regno portarono all'introduzione di carri e nuove armi e diedero all'esercito una posizione importante nella gerarchia sociale. Il re era il capo dell'esercito; sotto di lui vi era una vasta gamma di ruoli, dai consiglieri militari fino all'umile compito di distribuire rifornimenti. Esisteva inoltre la marina militare, con il compito di trasportare le truppe e difendere la costa mediterranea.

L'esercito del Nuovo Regno era ripartito in divisioni contrassegnate dal nome di un dio (ad esempio Amon, Ra o Seth). Ogni divisione contava 4000 fanti e 500 carri a due uomini, uno alla guida e l'altro al combattimento.

In battaglia, i soldati esperti combattevano davanti e le reclute dietro. I carri si spostavano a seconda delle necessità. I trombettieri e gli alfieri facevano in modo che l'esercito rimanesse compatto e passavano gli ordini.

In questa pittura murale sono rappresentate scene di vita militare come la consegna delle armi e il taglio dei capelli.

RICONOSCIMENTI

La vita militare era molto dura. I soldati svolgevano il proprio addestramento con marce estenuanti e prove di lotta. Le guerre erano assai cruente e i fortunati sopravvissuti tornavano spesso mutilati o sfigurati. Tuttavia, far parte dell'esercito aveva i suoi vantaggi. Il valore dei soldati veniva ricompensato con doni di oggetti preziosi, ad esempio armi d'oro e d'argento, gioielli e medaglie a forma di mosche. I soldati inoltre ricevevano una parte del bottino strappato ai vinti.

Parte di una divisione egizia. Gli aurighi sono seguiti da file ordinate di fanti.

La mummia del principe tebano Seqenenre Tao presenta profonde ferite al capo, subite probabilmente combattendo contro gli Hyksos.

SCAMBI E DIPLOMAZIA

Le relazioni tra l'Egitto e i Paesi vicini erano molto complesse. Oltre a mantenere il potere nella regione, l'Egitto aveva bisogno di controllare le vie commerciali che lo rifornivano di beni. I re seguivano da vicino gli scambi e i messaggeri e gli ambasciatori si occupavano sia di contratti commerciali che di rapporti diplomatici.

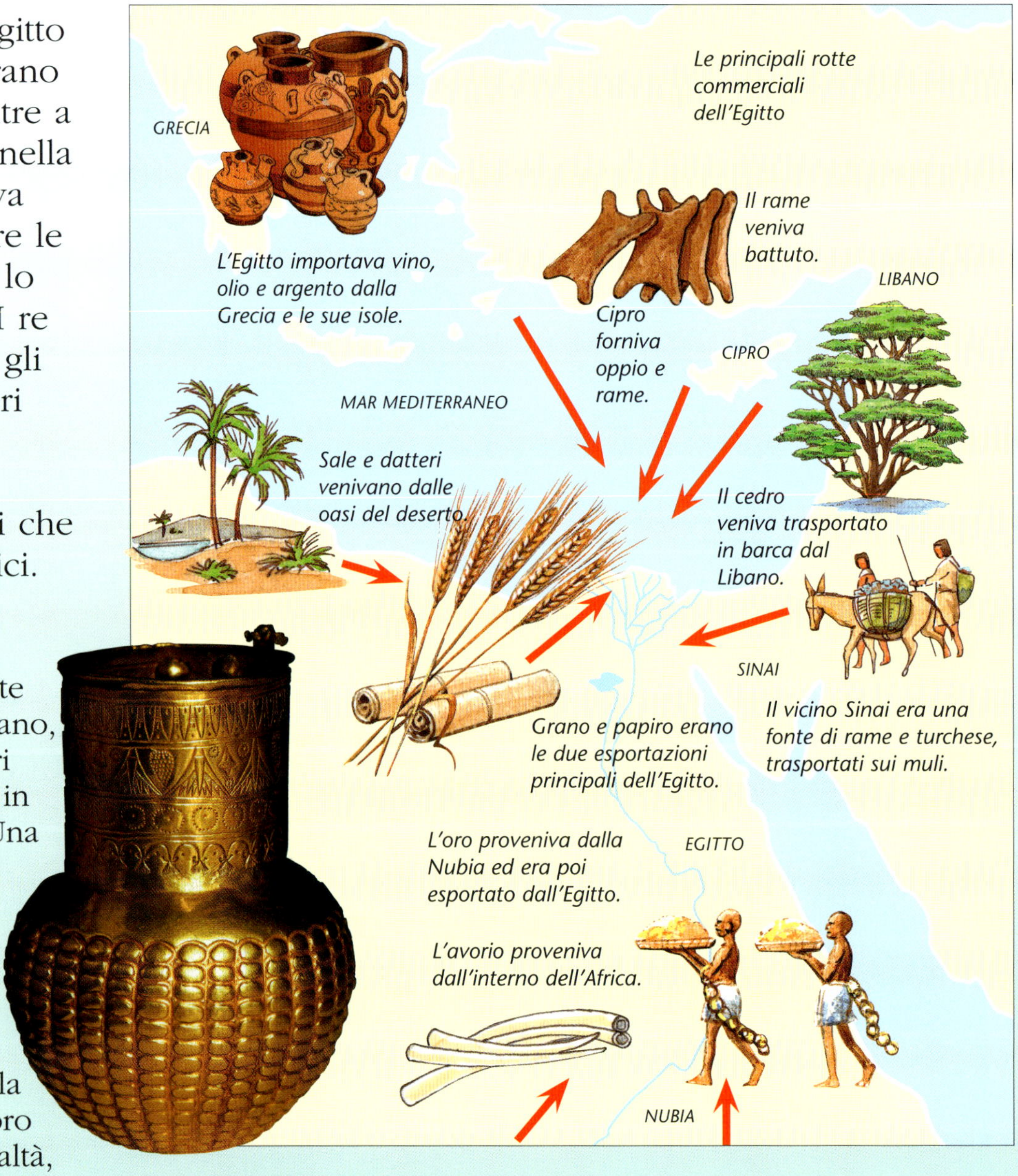

SCAMBI

L'Egitto possedeva molte risorse ed esportava grano, vino, lino, papiro e vari manufatti. Era famoso, in particolare, per l'oro. Una delle lettere di Amarna (vedi a destra) indica che le nazioni vicine ritenevano che l'Egitto ne fosse ricchissimo: "Inviami oro, oro e ancora oro, poiché nella terra di mio Fratello l'oro è come polvere". In realtà, l'oro proveniva per lo più dalla Nubia.

L'Egitto a sua volta importava molti beni dal Vicino Oriente, dalla Grecia e da Cipro: olio e resina, argento, rame, schiavi e cavalli. Da Punt arrivavano gli alberi di mirra e altri beni africani esotici, mentre dalle montagne boscose del Libano proveniva il legno, di cui l'Egitto scarseggiava.

LA STORIA DI WEN-AMON

La storia di Wen-Amon fu scritta alla fine del Nuovo Regno (1070 a.C. ca.) e narra un fatto di cui è protagonista un ambasciatore egiziano. Il racconto illustra lo stretto legame che esisteva tra commercio e diplomazia.

L'ambasciatore Wen-Amon fu mandato a Biblo, in Libano, ad acquistare un quantitativo di legno di cedro. Durante il viaggio fu derubato e, al suo arrivo, le autorità di Biblo non gli riservarono una buona accoglienza. L'acquisto venne infine concordato ma ad un prezzo esorbitante. L'episodio mostra come l'influenza egiziana verso la fine del Nuovo Regno fosse in declino al punto da non essere più temuta.

TRIBUTI STRANIERI

Durante il Nuovo Regno la ricchezza dell'Egitto aumentò grazie ai tributi delle nazioni conquistate. L'imposizione dei tributi fu causa di varie ribellioni. Gli Egizi ricorsero a trucchi "diplomatici" per incoraggiarne il pagamento. I figli dei principi stranieri, ad esempio, venivano condotti in Egitto dove erano educati secondo lo spirito egiziano e al loro ritorno promuovevano un atteggiamento positivo verso i dominatori.

Il caso della Nubia era diverso. La regione fu occupata per gran parte della storia egiziana ed era importante a causa dell'oro. I Nubiani dapprima si ribellarono ma infine accettarono i benefici del dominio egiziano e ne adottarono la cultura.

I sudditi dovevano dimostrare grande rispetto in presenza del faraone.

Gli Egiziani esigevano in tributo i prodotti migliori.

Commercianti africani con avorio, pelli d'animale, babbuini e altre merci.

LINK INTERNET

Informazioni interessanti sui rapporti commerciali e diplomatici tra l'antico Egitto e i Paesi vicini. Inoltre, notizie su Akhetaton e le lettere di Amarna. Per i link a questi siti vai a:
www.usborne-quicklinks.com/it

Rilievo di prigioniero libico condotto in Egitto con le mani legate dietro la schiena

LE LETTERE DI AMARNA

Le lettere di Amarna sono circa 350 tavolette di terracotta ritrovate nelle rovine di Akhetaton (vedi pag. 26). Si tratta principalmente di lettere scritte al faraone da re e principi di Assiria, Babilonia, Mitanni, Cipro, Palestina, Siria e Hatti (gli Ittiti).

Le tavolette sono scritte in carattere cuneiforme e in accadico, che era la lingua diplomatica del tempo. I re più potenti chiamavano il faraone "Fratello" ma il loro tono poteva essere gelido

Le lettere di Amarna erano piccole tavolette che il messaggero portava al collo.

come quello del re dei Mitanni, furioso con il re egizio per aver trattenuto un messaggero mitannico per sei anni. I re minori si rivolgevano al faraone con rispettosi epiteti quali "Mio Signore" o "Grande Re" e spesso chiedevano l'aiuto dell'Egitto contro i nemici.

LA RELIGIONE

La religione egiziana era un complesso groviglio di credenze. Già nella fase più antica del periodo Predinastico erano apparse schiere di dei. Alcuni erano venerati solo nelle case, altri erano parte del culto locale, altri ancora di quello nazionale. Esistevano poi numerosi miti che variavano di molto: persino per i più famosi vi erano parecchie versioni.

Il dio sole Ra compie il mitico viaggio quotidiano nel cielo sulla barca.

GLI DEI

Molti dei erano legati ad attività o elementi specifici, ad esempio la mummificazione (Anubi), la luna (Khonsu) o l'acqua (Sobek). Altri rappresentavano idee astratte come la giustizia e l'armonia (Maat) o la saggezza (Thot), oppure erano associati a particolari animali, uccelli o piante e raffigurati in vari modi. Hathor, ad esempio, appare come un giovenca, una donna o una donna con la testa o le orecchie bovine.

Statua di Anubi, dio della mummificazione

LINK INTERNET

Tutto sulla religione dell'antico Egitto con tante notizie interessanti sulle singole divinità.
Per i link a questi siti vai a:
www.usborne-quicklinks.com/it

IL MITO DELLA CREAZIONE

Osiride

La versione più famosa del mito della creazione secondo gli Egizi è quella che si sviluppò nella città di Eliopoli. Secondo la leggenda, in origine esisteva solo il caos. Dal caos si generò il dio sole Ra, il quale creò innanzitutto Shu (l'aria) e Tefnut (il vapore), dalla cui unione nacquero Geb (la terra) e Nut (il cielo).

Iside

Geb e Nut ebbero quattro figli: Osiride, Iside, Seth e Nefti. Dall'unione di Osiride e Iside nacque Horus, il dio falco, mentre il figlio di Nefti e Osiride era Anubi, il dio della mummificazione con testa di sciacallo. La sposa di Horus era Hathor, la dea dell'amore, della felicità e del parto.

Nefti

Ogni giorno, Ra solcava il cielo sulla sua barca e ogni notte il dio del sole navigava nell'oltretomba dove doveva sconfiggere il dio mostruoso dell'oscurità, Apep, per poter riemergere all'alba.

Hathor

OSIRIDE E ISIDE

Osiride successe al trono del padre Geb e governò con saggezza ed equanimità. Il fratello Seth era geloso e decise di ucciderlo: costruì una bara su misura per Osiride e, dopo averlo fatto entrare con l'inganno, richiuse la bara e la gettò nel Nilo. Le acque portarono Osiride verso il mare e Seth pensò di essersene liberato.

La sorella-sposa di Osiride, Iside, non si diede pace finché non riuscì a ritrovarlo e a riportarlo in Egitto. Seth, furioso, lo tagliò in 14 pezzi e seppellì ciascun pezzo in un punto diverso lungo il Nilo. Ma Iside non si arrese e insieme alla sorella Nefti recuperò tutti i pezzi, a parte uno, e con l'aiuto di Anubi (il dio della mummificazione) ricompose l'amato sposo. Osiride tornò in vita brevemente e generò il figlio Horus. Il dio Ra lo nominò allora re del Regno dei Morti.

Iside nascose Horus nei canneti del Nilo per proteggerlo da Seth fino a quando Horus non ebbe l'età per vendicare la morte del padre. Dopo una lunga lotta, Horus sconfisse Seth e divenne re dell'Egitto. Gli Egizi credevano perciò che lo spirito di Horus passasse da un re all'altro. Quando il re moriva, il suo spirito andava nell'aldilà e si univa a quello di Osiride.

Horus uscì vittorioso dalla lotta ma perse un occhio.

Udjat o *Occhio di Horus*

L'OCCHIO DI HORUS

Uno degli amuleti più preziosi per gli Egiziani era l'*udjat*, cioè l'"Occhio di Horus". Combattendo contro Seth, Horus perse un occhio e il dio Thot lo guarì. L'occhio divenne simbolo di guarigione e di salute. Simboleggiava inoltre il sacrificio perché Horus l'aveva perso nella lotta contro le forze del male.

I MITI

Nel corso del tempo, la religione subì molti cambiamenti. Dèi importanti passavano in secondo piano e i miti si modificavano e si fondevano. Alcuni cambiamenti erano più significativi di altri e spesso riflettevano i nuovi equilibri di potere. L'importanza di Tebe, ad esempio, ebbe un grande impatto sulla religione in tutto il Paese.

La dea Maat è spesso rappresentata con le ali spiegate e simboleggia equilibrio e armonia.

IL MITO DI ERMOPOLI

Secondo il mito della creazione della città di Ermopoli, il mondo era dominato in origine da Maat (dea di giustizia, ordine e verità) e dal suo sposo Thot, dio della scrittura e della saggezza con la testa di ibis. Essi ebbero quattro coppie di gemelli: Nun e Nanuet, Heh e Hehet, Kek e Keket, Amon e Amonet.

Thot

Di questi otto dei, cioè le forze della creazione, solo Amon divenne una divinità importante, ma Maat e Thot erano venerati in tutto l'Egitto: decidevano il destino dei defunti nell'aldilà e si credeva che accompagnassero il dio Ra nel suo viaggio nei cieli.

Amon

Mut

Khonsu

GLI DEI TEBANI

Alla fine dell'Antico Regno, Amon era divenuto il dio di Tebe. Con l'ascesa al potere dei re tebani nel Nuovo Regno, il culto di Amon, fino a quel momento limitato a Tebe, cominciò a diffondersi e finì per imporsi in tutto il Paese.

La sposa di Amon era la sua gemella Amonet, ma a Tebe fu sostituita con Mut, dea della maternità. Mut e Amon ebbero un figlio chiamato Khonsu, il dio della luna. Amon, Mut e Khonsu sono conosciuti come la "triade tebana". Mentre il culto di Amon si diffondeva a nord di Tebe, Amon e Ra divenivano un unico dio: Amon-Ra, re degli dei.

IL FIUME DI SANGUE

Secondo un altro mito, la disobbedienza degli uomini provocò l'ira di Ra, il quale inviò la dea leonessa Sekhmet per punirli. La dea fece una strage, uccidendo e sbranando gli uomini. Ra, impietositosi e rammaricatosi della punizione, cercò di fermare Sekhmet, la quale però continuò ad uccidere indiscriminatamente. Approfittando del sonno della leonessa, Ra versò della birra nel Nilo che diventò rosso come il sangue. Al suo risveglio, Sekhmet, attratta dalla vista del sangue, bevette avidamente dalle acque del fiume. L'ebbrezza spense la sua sete di sangue umano e Sekhmet si trasformò in Hathor, dea dell'amore sposa di Horus (vedi pag. 48).

Sekhmet era una leonessa terrificante che uccideva chiunque incontrasse sul suo cammino.

ALTRI DEI

Sobek: dio coccodrillo, divinità dell'acqua. Era venerato nel Fayum e a Kom Ombo.

Bast: dea gatto che rappresentava il potere salutare del Sole.

Khnum: vasaio dalla testa di ariete che plasmava al tornio gli esseri umani.

Imhotep (vedi pag.18): una delle poche figure non regali divinizzate. Era venerato dagli scribi e come dio della medicina.

IL TEMPIO

I grandi templi erano al centro della vita egiziana, sebbene solo i re e i sacerdoti potessero entrarvi. I sacerdoti avevano molti compiti, tra cui l'insegnamento, l'amministrazione e l'organizzazione di progetti edilizi. Alcuni lavoravano solo nel tempio; altri avevano una seconda occupazione.

Il sacerdote, riconoscibile dal capo rasato, porta acqua sacra e incenso ad un nobile nell'oltretomba.

L'INTERNO

La pianta dei templi era sempre uguale, perché riprendeva quella del primo tempio disegnato dagli dei all'inizio del mondo.

Il tempio era circondato da un muro esterno. Oltre il portale principale (pilone) vi era un cortile, punto limite per i più.

Superato il cortile, il tempio diventava più stretto e buio. Seguiva una sala ipostila con colonne ravvicinate che ricordavano un papireto e dove la luce scarsa entrava da piccole finestre in alto.

Il cuore del tempio, ancora più buio, era il "naos" (santuario) con la statua del dio, di solito in pietra ma spesso decorata con metalli preziosi e gioielli. Sul retro vi erano ambienti accessori e i magazzini.

Il tempio aveva inoltre un lago sacro per le abluzioni dei sacerdoti.

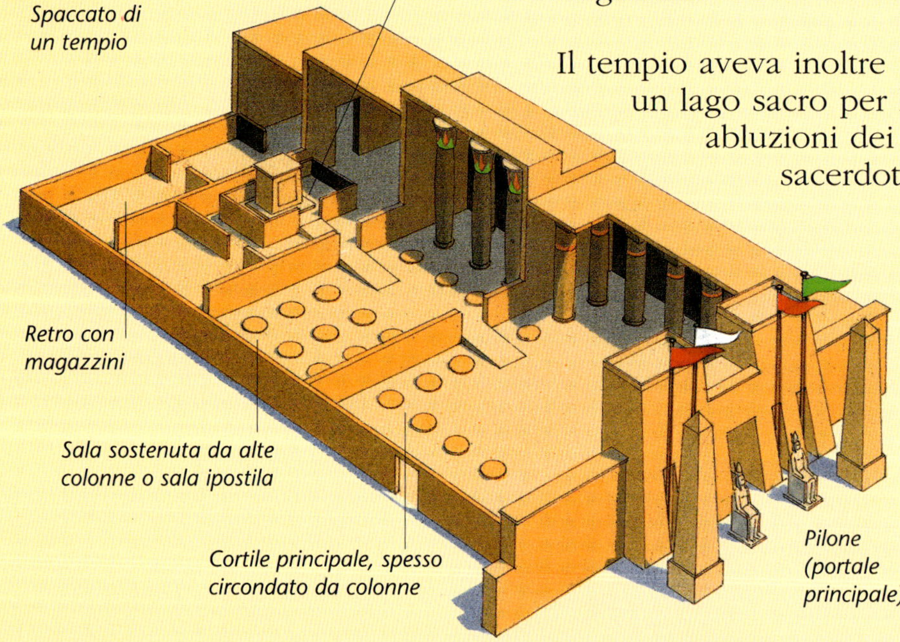

Spaccato di un tempio

I SACERDOTI

In teoria, il re era l'unica persona cui fosse concesso di avvicinarsi agli dei. In realtà, i sacerdoti lo sostituivano se necessario. Non era facile iniziare la "carriera" di sacerdote, dato che era riservata alle persone istruite.

I sacerdoti più importanti lavoravano a tempo pieno nel tempio, mentre gli altri svolgevano una seconda attività per circa otto mesi all'anno. Tra i compiti svolti vi erano l'amministrazione e l'organizzazione della vita del tempio.

I sacerdoti celebravano i riti seguendo dei turni, assistiti dalle sacerdotesse.

Sacerdoti e sacerdotesse indossavano vesti di purissimo lino bianco.

I raggi del sole penetravano dalle finestre in alto illuminando le enormi colonne della sala ipostila.

RITUALI QUOTIDIANI

Gli Egizi credevano che la statua del tempio ospitasse lo spirito del dio, al quale i sacerdoti dovevano offrire cibo, bevande e abiti. I sacerdoti si immergevano nel lago sacro almeno due volte al giorno per purificarsi e si depilavano il corpo.

Ogni giorno, i sacerdoti risvegliavano il dio con un inno e aprivano il santuario per lavare e vestire la statua. Le offerte dei cibi migliori erano accompagnate dal profumo dell'incenso e da canti e danze. Il rituale era ripetuto tre volte al giorno.

I templi impiegavano danzatori e cantanti.

Di giorno le porte del santuario erano aperte e questo consentiva di vedere all'interno dal pilone principale. Alla sera i sacerdoti chiudevano le porte e spazzavano via accuratamente le proprie orme per evitare che le forze malvagie le ripercorressero durante la notte.

LINK INTERNET

Per saperne di più sulla religione, sul ruolo dei sacerdoti nella società e sulla gerarchia all'interno del clero. Per il link a questo sito vai a:
www.usborne-quicklinks.com/it

DIMORE DEGLI DEI

Le dimensioni e lo splendore dei templi riflettevano l'importanza degli dei e del re. Le costruzioni richiedevano l'opera di migliaia di uomini, che avevano a disposizione soltanto attrezzature rudimentali.

LA PIETRA

Estrarre la pietra per la costruzione dei templi era un lavoro pesante e difficile, riservato ai prigionieri di guerra e ai criminali. Il granito, essendo molto duro, era il più difficile da estrarre. La pietra calcarea e l'arenaria erano più morbide e quindi preferite per i templi. Il granito era impiegato per i particolari e per gli obelischi.

Il tempio di Amon a Karnak è principalmente in pietra calcarea.

LE "BRACCIA"

Il trasporto degli enormi blocchi di pietra in cantiere richiedeva centinaia di operai. I blocchi erano tirati fino al fiume con l'aiuto di rulli e funi e poi trasportati in barca. L'inondazione avvicinava provvidenzialmente il fiume alle cave. Al cantiere, le pietre erano tagliate da un altro "esercito" di operai.

LA COSTRUZIONE

La cerimonia per la fondazione del tempio era presenziata dal re. Il re marcava la pianta del tempio con paletti e corde mentre la regina, nel suo ruolo di Sheshat, dea della scrittura, prendeva nota delle sue azioni.

Dopo la cerimonia veniva disposto il primo strato di pietre e l'area circoscritta veniva riempita con del pietrisco. La costruzione di una rampa esterna permetteva di sollevare lo strato successivo di pietre. L'interno era riempito con altro pietrisco e la rampa era alzata per il terzo strato e così via. Infine veniva collocato il tetto di pietra.

I PARTICOLARI

Completata la costruzione, si rimuovevano il pietrisco e le rampe, dall'alto verso il basso, man mano che gli artigiani ultimavano le decorazioni. Le colonne di pietra riproducevano tronchi di palme o fasci di canne e le estremità erano scolpite a forma di foglie di loto e fiori, canne di papiro e fronde di palma.

Esempi di decorazioni

LINK INTERNET

Tante informazioni sulle tombe e i templi egiziani. Inoltre, le tecniche di lavorazione delle statue e dei rilievi presso gli antichi Egizi. Per i link a questi siti vai a:
www.usborne-quicklinks.com/it

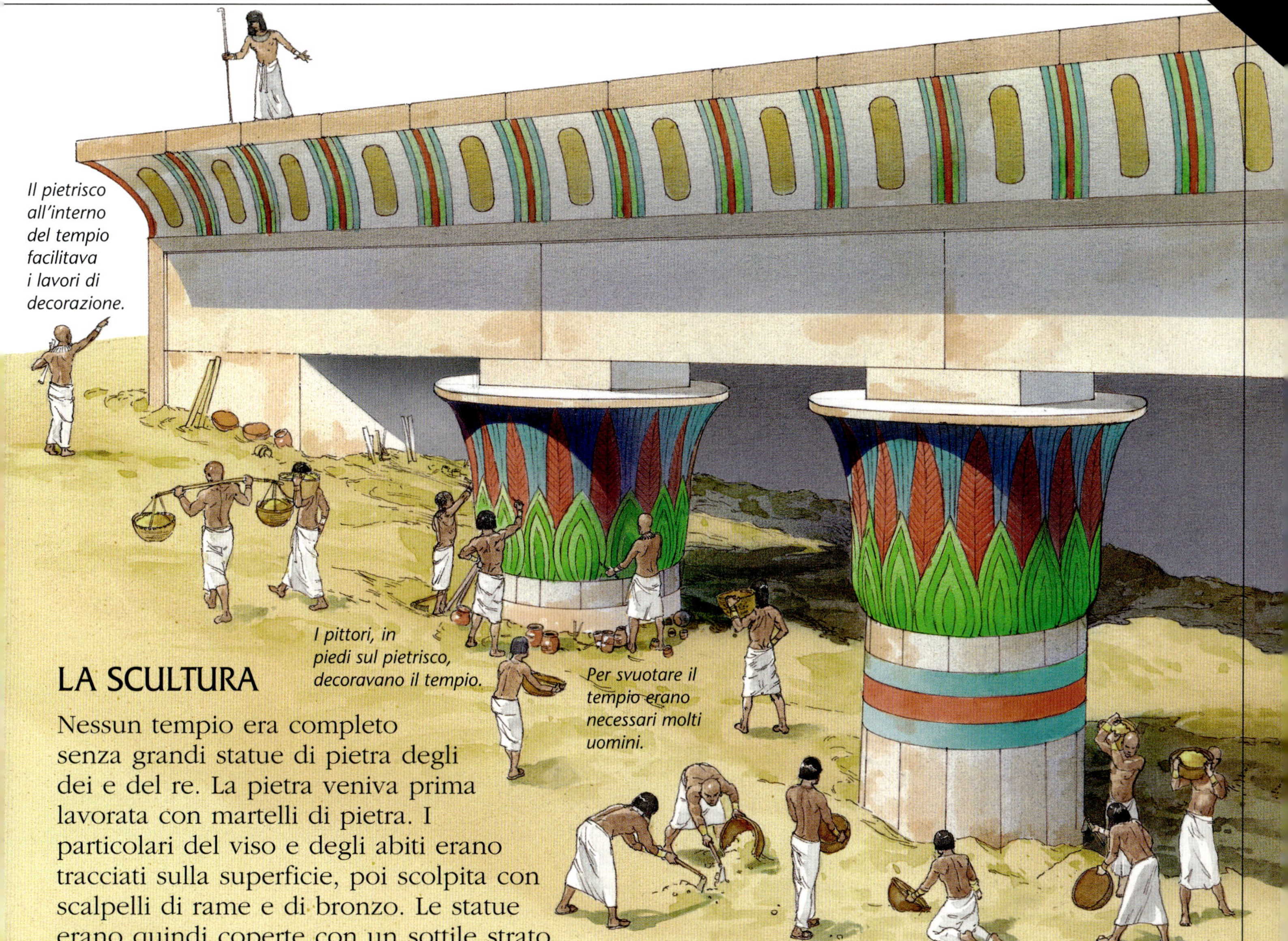

Il pietrisco all'interno del tempio facilitava i lavori di decorazione.

I pittori, in piedi sul pietrisco, decoravano il tempio.

Per svuotare il tempio erano necessari molti uomini.

LA SCULTURA

Nessun tempio era completo senza grandi statue di pietra degli dei e del re. La pietra veniva prima lavorata con martelli di pietra. I particolari del viso e degli abiti erano tracciati sulla superficie, poi scolpita con scalpelli di rame e di bronzo. Le statue erano quindi coperte con un sottile strato di intonaco e dipinte.

I RILIEVI

Le pareti del tempio erano decorate con due tipi di rilievi: gli altorilievi e i bassorilievi.

Altorilievo

Bassorilievo

In entrambi i casi gli scultori seguivano un disegno tracciato da un pittore. Gli altorilievi erano realizzati tagliando la pietra circostante le figure, che emergevano perciò dallo sfondo. Le figure e le scritte dei bassorilievi venivano scavate nella pietra. I rilievi erano poi dipinti con colori vivaci.

I DISEGNI

I disegni erano eseguiti utilizzando una griglia. La figura umana aveva sempre le stesse proporzioni ed era divisa in 18 parti o quadri da capo a piedi (nel Nuovo Regno divennero 21). Gli Egiziani non tentavano di rappresentare la realtà ma seguivano uno schema ben preciso, dove spalle e occhi erano ritratti frontalmente e il resto di testa, corpo e gambe di lato.

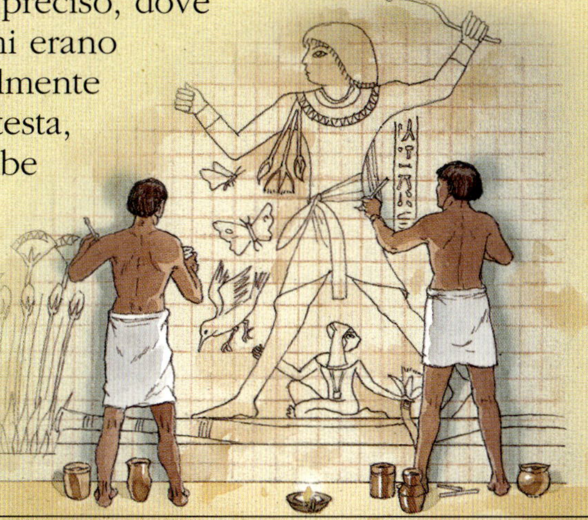

Pittori che eseguono un disegno utilizzando una griglia.

I TEMPLI DI CULTO

Tutte le divinità egizie più importanti avevano un tempio dedicato al loro culto. Il luogo lungo il Nilo in cui il templio sorgeva, era considerato la "casa" del dio e i nuovi templi venivano quindi costruiti sulle fondamenta di quelli precedenti.

KARNAK E LUXOR

Il tempio di Amon presso Tebe, ora chiamata Karnak, è il più grande dei templi ancora esistenti in Egitto. Il complesso templare che oggi possiamo ammirare fu iniziato da Thutmosi I e ampliato dai re successivi, i quali aggiunsero soprattutto cortili e piloni laterali intorno alle strutture più antiche.

Anche la sposa di Amon, Mut, e il figlio Khonsu avevano il proprio tempio presso Karnak. I turisti che oggi visitano Karnak possono assistere ad uno spettacolo serale sulla storia del tempio presso quello che al tempo era il lago sacro.

Ad Amon era dedicato un altro tempio a Luxor, vicino a Karnak. Come per Karnak, quel che rimane oggi risale per lo più al Nuovo Regno. I due templi erano originariamente collegati da una maestosa via fiancheggiata da sfingi.

Il tempio di Luxor oggi, con il Nilo sullo sfondo

EDFU E DENDERA

Sin dall'Antico Regno, il tempio principale di Horus era a Edfu e il tempio di Hathor si ergeva a Dendera. I templi che sono ancora visibili oggi furono costruiti dai Tolomei.

Questi due templi erano legati da una importantissima festa annuale, la cosidetta festa delle "nozze delle due divinità". Hathor risaliva in barca il Nilo fino ad Edfu, salutata lungo il percorso dalla folla accorsa sulle rive.

ALTRI TEMPLI

Oggi possiamo ammirare solo una piccolissima parte dei numerosi templi che una volta si ergevano lungo il Nilo. I templi del Delta non si sono conservati a causa delle inondazioni che seppellivano le rovine sotto strati di fango. Tra i tanti templi andati perduti vi erano quelli di Ra a Eliopoli e di Ptah a Menfi.

Due di quelli sopravvissuti erano dedicati al culto di Iside (a File) e di Sobek e Horus il Vecchio o Haroeri (a Kom Ombo). Il tempio di Kom Ombo è insolito perché dedicato a due divinità.

Un complesso templare particolare è quello di Ramesse II presso Abu Simbel. L'unicità dei due templi del complesso sta nel fatto che erano stati costruiti per glorificare il re e non un dio.

Barca funebre di Amon. Amon, Mut e Khonsu avevano una barca per il viaggio da Karnak a Luxor.

LINK INTERNET

Tante piantine e belle foto per conoscere meglio i templi di Luxor e Karnak e quello di Abu Simbel. Per i link a questi siti vai a:
www.usborne-quicklinks.com/it

LA FESTA DI AMON

Ad Amon erano dedicate due feste annuali: la festa di Opet, qui raffigurata, e la festa della valle, quando il dio veniva portato sulla riva ovest per visitare le tombe e i templi funerari.

Durante la festa di Opet la folla si riuniva per assistere al passaggio della processione che portava gli dei a Luxor.

La statua di Amon era condotta alla barca funebre su una barca più piccola.

CREDENZE POPOLARI

Sebbene la popolazione non fosse ammessa nei grandi templi, la vita quotidiana era permeata di religiosità. Gli Egizi credevano che persino Amon o Hathor, le divinità più importanti, partecipassero alle loro esperienze; erano superstiziosi e attribuivano significati profondi anche a semplici fatti della loro esistenza.

Bes, il nano dalla criniera di leone, proteggeva i bambini e la casa.

I SANTUARI

La popolazione pregava all'esterno dei templi, considerati la casa degli dei sulla Terra. Recarsi ai grandi templi, tuttavia, non era necessario: i villaggi avevano santuari dedicati agli dei, anche i più importanti, per la preghiera e le offerte. Nei santuari e nei templi comparivano spesso pietre dette stele con delle orecchie incise per ricordare agli dei di ascoltare le suppliche.

All'interno della casa, inoltre, una nicchia spesso ospitava altari dedicati agli antenati o agli dei protettori della casa, Bes e Tawaret.

La dea Tawaret, rappresentata come femmina di ippopotatamo, proteggeva le future madri e i neonati.

DIALOGO CON GLI DEI

Per conoscere la volontà degli dei si ricorreva ad uno scriba che scriveva la domanda. Questa veniva dunque consegnata a un sacerdote, il quale la portava nel tempio per "consultare l'oracolo", cioè ottenere la risposta. In realtà, la risposta veniva dal sacerdote stesso, che si pensava fosse ispirato dal dio. Se la preghiera era esaudita si lasciava un dono al tempio.

Durante la festa del dio, quando i sacerdoti portavano la statua sulla barca, la folla cantava, si inchinava e si avvicinava con una supplica. La risposta ("sì" o "no") dipendeva dal movimento della barca. Se la risposta era "sì", la statua si muoveva avanti o indietro o forzava sulle ginocchia i portatori con il suo peso.

LINK INTERNET

Scopri tante cose sugli animali sacri e la loro mummificazione presso gli antichi Egizi.
Per i link a questi siti vai a:
www.usborne-quicklinks.com/it

Queste lucertole d'oro e altri amuleti erano appesi a collane e bracciali.

ANIMALI SACRI

Era una credenza comune che gli dei invassero il proprio spirito negli animali a cui erano associati.

Nell'Epoca Tarda ciò poteva riferirsi a intere specie, come nel caso di Bast, il cui spirito viveva in tutti i gatti. Quando morivano, questi animali venivano imbalsamati e sepolti in cimiteri come quello di Saqqara, dove sono stati ritrovati milioni di uccelli, gatti e cani imbalsamati.

Gatto, cane (o sciacallo) e vitello mummificati

Esempi di amuleti basati sui geroglifici

MAGIA, SOGNI E PRESAGI

Gli Egizi credevano all'influsso delle forze del bene e del male. Vi erano giorni fortunati e altri no. Per questo motivo portavano con sé degli amuleti e leggevano il futuro e la volontà degli dei nei presagi. I sogni e altri segni come le stelle cadenti erano considerati messaggi degli dei che i sacerdoti dovevano interpretare. Si ricorreva inoltre a sacerdoti-maghi per allontanare la sfortuna.

IL TORO APIS

Gli animali più importanti sepolti a Saqqara erano i tori Apis. Il toro prescelto per la venerazione doveva essere nero con una macchia bianca sulla fronte e peli bianchi sulla coda. Il toro Apis viveva con la madre nel tempio di Ptah a Menfi e veniva portato in processione durante le feste religiose. Quando moriva era imbalsamato e portato al Serapeum, una vasta tomba sotterranea. Aveva quindi inizio la ricerca di un altro toro Apis.

La processione funeraria del toro Apis diretta al Serapeum a Saqqara.

La mummia veniva trasportata su una barca funebre.

MORTE E OLTRETOMBA

Se si considera che la vita media degli Egiziani era di circa trent'anni, non sorprende forse la loro grande fede in una vita ultraterrena. Gli Egiziani avevano un concetto molto chiaro dell'aldilà: quali preparazioni richiedeva, come sarebbe stato, di cosa avrebbero avuto bisogno e cosa li aspettava nel corso del viaggio.

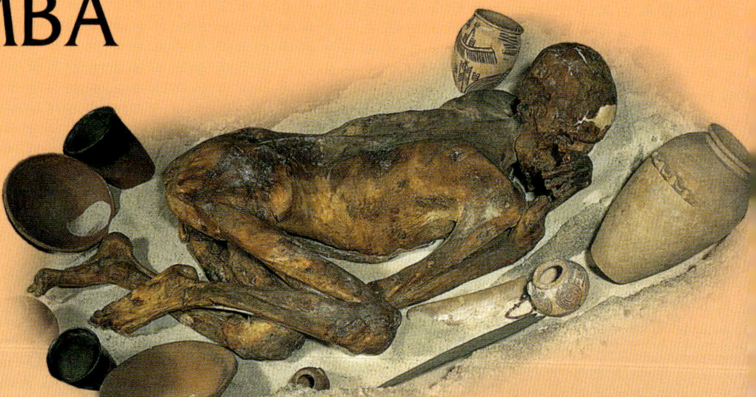

Questa "mummia", conservatasi nella sabbia, risale a circa 5000 anni fa.

ENTITÀ SPIRITUALI

Lo spirito dell'individuo era costituito di due entità principali: il *ka* e il *ba*. Poiché per entrambi era importante che il corpo sopravvivesse dopo la morte, questo veniva imbalsamato. Il *ka* era la forza vitale incarnata nella persona e aveva le sembianze dell'individuo; poteva lasciare il corpo ma doveva tornare per trovare nutrimento. Il *ba* era il carattere della persona e si posava sul corpo come un uccello. L'*akh*, invece, poteva volare fino alle stelle. Il nome proprio era importantissimo: senza di esso era come se non si esistesse.

Il ka (a sinistra) era rappresentato con due braccia rivolte verso l'alto; il ba (destra) come un uccello con testa umana.

PRIME MUMMIE

Le prime mummie non furono imbalsamate. Alla morte, la salma veniva posta nella sabbia calda e secca del deserto che la conservava. Con il progredire della società, i ricchi furono sepolti nelle tombe e si rese necessario ricorrere all'imbalsamazione per preservare la salma (vedi pag. 62).

IL FUNERALE

Le salme delle persone abbienti venivano trasportate alla riva ovest del Nilo, dove erano purificate e imbalsamate. La mummia era poi adagiata in una bara e condotta alla tomba. Gli amici e i parenti portavano l'occorrente per l'aldilà, accompagnati dai pianti e dai lamenti delle prefiche.

Funerale di un ricco di nome Ramose

L' "APERTURA DELLA BOCCA"

Giunta alla tomba, la mummia veniva messa in piedi per il rito detto dell'"apertura della bocca". Il sacerdote toccava mani, piedi, occhi, orecchie, naso e labbra del defunto allo scopo di "attivarne" i sensi in modo che funzionassero nell'aldilà. La bara era posta nella tomba, circondata da cibo, mobili e altri beni e la tomba veniva sigillata.

Durante il rito dell'"apertura della bocca", la mummia veniva toccata con oggetti simbolici.

IL VIAGGIO VERSO L'ALDILÀ

Anubi pesa il cuore. Ammut attende affamato mentre Thot trascrive il responso.

Il viaggio del defunto e del suo *ba* verso l'aldilà era lungo e pieno di pericoli, come il superamento di molte porte sorvegliate da mostri che separavano dal luogo dove avveniva il giudizio.

Qui, il defunto doveva recitare una lunga lista di peccati di fronte a 42 giudici e giurare di non averli commessi. Il dio Anubi prendeva il cuore e lo metteva sulla bilancia per pesarlo con la piuma di Maat, la verità, mentre Thot trascriveva il verdetto. Se il defunto era puro, il suo cuore era leggero come la piuma e i due potevano proseguire per incontrare Osiride e loro antenati nell'aldilà; se il cuore era appesantito dai peccati, veniva dato in pasto al mostro con testa di coccodrillo, Ammut.

I pianti e i lamenti delle prefiche al funerale di Ramose

LE MUMMIE

Il metodo dell'imbalsamazione, utilizzato per impedire che le salme si decomponessero, fu perfezionato nel corso di centinaia di anni. Il procedimento era lungo e laborioso ma efficace, come testimoniano molte mummie del Nuovo Regno, conservatesi fino a oggi. Dopo il Nuovo Regno, la qualità deteriorò ma la mummificazione continuò ancora dopo i Tolomei.

IL METODO DEL NUOVO REGNO

La mummificazione richiedeva 70 giorni. Prima di tutto veniva praticata un'incisione laterale per asportare intestini, polmoni, fegato e stomaco, che erano imbalsamati separatamente e riposti in quattro vasi canopi (vedi pagina accanto). Il cuore veniva lasciato nella salma perché gli Egizi credevano che venisse giudicato nell'aldilà.

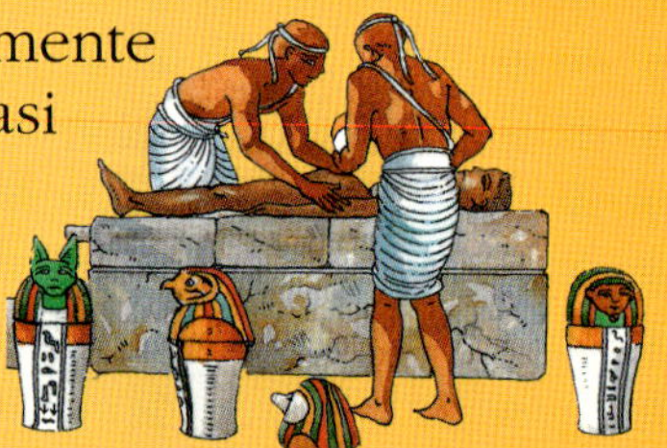

La salma veniva aperta per rimuovere gli organi interni.

La salma era poi coperta con il natron, un sale che la conservava e la essiccava. Dopo circa 35-40 giorni la salma, completamente essiccata, veniva imbottita con lino intriso di oli e resina per ridarle il suo aspetto normale e la ferita veniva ricucita.

La salma era coperta di natron.

Partendo dalle dita di mani e piedi, la salma era avvolta con strisce di lino.

Tra le bende venivano posti gioielli e amuleti per proteggere il defunto nell'aldilà. Ogni strato era imbevuto di oli, resina e profumi.

La mummia veniva bendata.

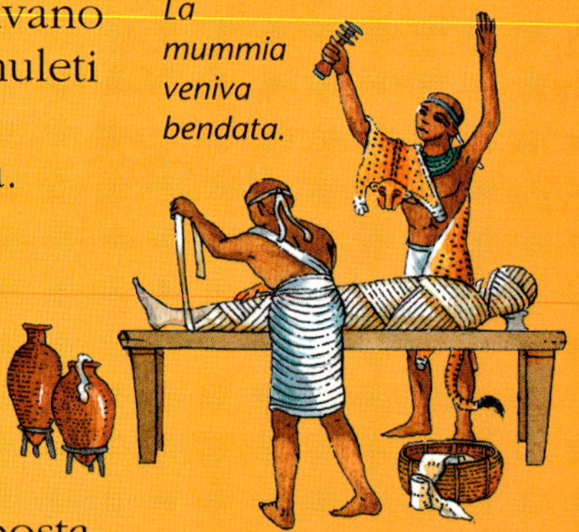

Infine, sulla faccia della mummia veniva posta una maschera. Il compito spettava al sacerdote, il quale indossava la maschera di sciacallo del dio della mummificazione, Anubi. A questo punto, la mummia era pronta.

Quando la mummia era finita, il sacerdote recitava le preghiere.

Con il tempo, gli oli e le resine della bendatura si indurivano come il bitume. Il termine utilizzato per questa sostanza era *mumiyya*, da cui deriva la parola "mummia".

L'efficacia del metodo di imbalsamazione del Nuovo Regno è dimostrata dalla mummia di Sety I.

Mummia di Sety II, nipote di Ramesse II

Privata della bendatura, la mummia rivela le braccia e le gambe essiccate.

VASI CANOPI

Accanto alla mummia erano collocati quattro vasi canopi che contenevano il fegato, i polmoni, lo stomaco e gli intestini imbalsamati. Il tappo di ciascun vaso aveva il busto di uno dei quattro figli di Horus, protettori delle viscere.

Tipici vasi canopi del Nuovo Regno

Il babbuino Hapy proteggeva i polmoni.

Il falco Qebehsenuef proteggeva gli intestini.

Lo sciacallo Duamutef proteggeva lo stomaco.

Imsety, un uomo, proteggeva il fegato.

SEGRETI SVELATI

Nel XIX secolo, per esaminare le mummie gli studiosi rimuovevano la bendatura. In seguito si capì che questo metodo danneggiava la mummia e non fu più usato. Oggi gli scienziati si servono della TAC, che permette di vedere attraverso le bende. Inoltre, l'analisi di campioni della salma consente di scoprirne il DNA, o codice genetico.

Grazie ai test del DNA si è potuto stabilire, ad esempio, che Tutankhamon e la mummia ritrovata nella tomba KV55 (vedi pag. 28) erano legate da vincoli di parentela.

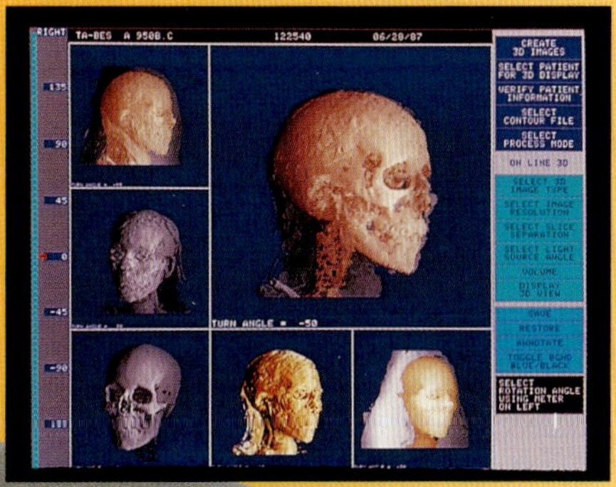

Tecnologia moderna: qui sotto, una mummia bendata sottoposta alla TAC. A destra, i volti delle mummie ricostruiti al computer.

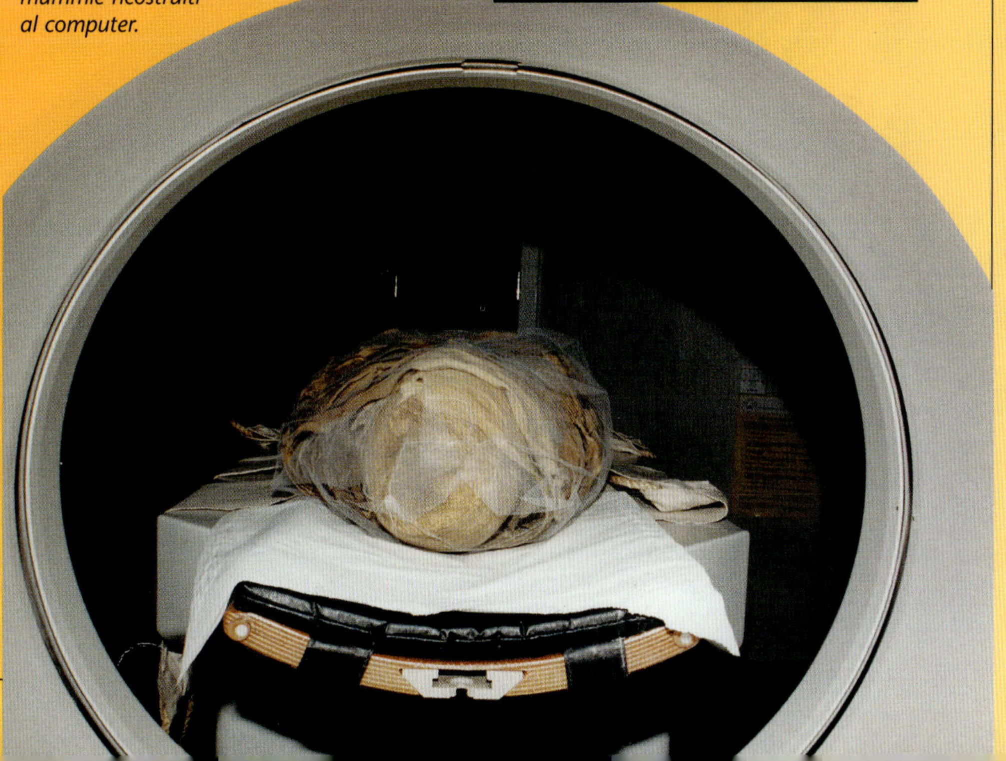

BARE E TOMBE

Le bare e le tombe che accoglievano le mummie erano importanti quanto l'imbalsamazione. Le ricche decorazioni e le iscrizioni avevano la funzione fondamentale di fornire al defunto il necessario per il viaggio nell'oltretomba.

Le tombe contenevano a volte "teste di ricambio" come quella qui accanto, appartenente a una principessa, per aiutare il ka *a riconoscere la mummia.*

BARE E SARCOFAGI

Le mummie delle persone abbienti venivano poste nelle bare. Nell'Antico e nel Medio Regno le bare erano rettangolari, dipinte a colori vivaci e con un occhio *udjat* (vedi pag. 49) all'altezza della testa della mummia affinché questa potesse vedere all'esterno. Nel Medio Regno si cominciò a dare alle bare la forma della figura umana e l'occhio *udjat* scomparve, sostituito dal ritratto idealizzato del defunto.

I membri della famiglia reale e i nobili avevano una serie di casse, una contenuta dentro l'altra, talvolta collocate in una grande bara esterna di pietra detta sarcofago. Le bare di solito erano rettangolari, ma nell'Epoca Tarda alcune avevano forma umana.

Tomba di Ramesse IV con il sarcofago nella camera funeraria

LE TOMBE

Le tombe erano di molte forme e dimensioni: dalle mastabe dei primi periodi, fino alle piramidi dei faraoni e alle tombe scavate nella roccia. Erano, però, esclusiva dei ricchi; i poveri erano sepolti nella sabbia.

Tutte le tombe avevano una camera funeraria per il sarcofago o per la bara. Alcune disponevano di altre camere, come le "cappelle" dove veniva lasciato il cibo per il *ka* del defunto (vedi pag. 60). La camera funeraria veniva sigillata, ma all'interno era dotata di una porta finta, dipinta o scolpita, affinché il *ka* potesse entrare e uscire, secondo le credenze degli Egizi.

Bara dell'Epoca Tarda con il viso del defunto scolpito sul coperchio

GLI *USHABTI*

Gli Egizi credevano che la vita nell'aldilà fosse molto simile a quella terrena. Ci sarebbero stati lavori da fare e case in cui abitare ed erano quindi necessari beni come cibo, abiti e mobili.

La speranza era ovviamente di una vita migliore di quella precedente, dove i raccolti fossero sempre abbondanti e l'esistenza piacevole e serena. Tuttavia, per prepararsi all'evenienza del lavoro, nella tomba venivano poste delle statuine dette *ushabti*, che rappresentavano i servi del defunto, pronti ad obbedire agli ordini e ad eseguire qualsiasi compito fosse necessario.

Gli ushabti *avevano spesso una propria bara o una scatola. La scatola lignea di questi* ushabti *del Nuovo Regno è dipinta con decorazioni funerarie.*

SCRITTE-GUIDA

Le scritte sulle pareti delle tombe aiutavano il defunto nel difficile viaggio nell'aldilà. Nell'Antico Regno, l'interno delle piramidi aveva rilievi con formule magiche e preghiere dette Testi delle Piramidi. Queste iscrizioni furono poi utilizzate nel Medio Regno dalle persone più umili per le proprie bare e sono conosciute come Testi delle Bare.

Nel Nuovo Regno apparve un nuovo scritto: il *Libro dei Morti*. Il libro era composto di cinque parti: il *Libro di ciò che si trova nell'oltretomba*, il *Libro delle porte*, il *Libro delle grotte*, il *Libro della terra* e la *Litania di Ra*. Ciascuna trattava un aspetto dell'oltretomba; il *Libro delle porte*, ad esempio, serviva a superare le dodici porte della notte sorvegliate da mostri.

LINK INTERNET

Un sito su cui potrai vedere bellissime immagini tratte dal Libro dei Morti. Per il link a questo sito vai a:
www.usborne-quicklinks.com/it

PITTURE "UTILI"

I dipinti, le iscrizioni e i rilievi sulle pareti delle tombe avevano uno scopo più che decorativo: erano utili per la nuova vita. Una scena sulla preparazione del pane, per esempio, garantiva che il defunto sapesse eseguire l'operazione nell'aldilà.

Pittura murale della tomba di Nakht, raffigurante un pastore col bestiame

LE PIRAMIDI DI GIZA

Ancor oggi, le piramidi di Cheope, Chefren e Micerino a Giza sembrano avvolte dal mistero, in particolare la Grande Piramide di Cheope. Tuttavia, gli egittologi sono riusciti a rivelarne molti dei segreti e a scoprire sia la data sia il metodo di costruzione.

LA GRANDE PIRAMIDE

Fino al XIX secolo, la Grande Piramide di Cheope era l'edificio più alto al mondo. Fu costruita intorno al 2550 a.C. con oltre 2 milioni di blocchi di pietra calcarea locale. È perfettamente simmetrica: la base di ciascun lato è larga 230 metri ed è in linea con un punto cardinale (nord, sud, est e ovest).

LINK INTERNET

Altri particolari interessanti sulle piramidi di Giza e sulle dimensioni della Grande Piramide di Cheope. Per il link a questo sito vai a: **www.usborne-quicklinks.com/it**

L'INTERNO

Sin dalla sua costruzione gli Egizi non intendevano affatto rendere facile l'accesso alla piramide. L'ingresso venne bloccato con enormi massi di granito e l'intera superficie fu coperta con lastre di calcare, accostate in modo tale da non lasciar passare nemmeno la lama di un coltello. Nonostante tali precauzioni fu saccheggiata forse già nel primo periodo Intermedio (2150 a.C. ca.). Gli esploratori del XIX secolo la trovarono vuota, se si eccettua un sarcofago massiccio di granito, privo di coperchio.

All'interno sono state scoperte tre camere e il corridoio della Grande Galleria. Nella camera di Cheope due aperture puntano verso l'alto. Una teoria è che fossero allineate con le stelle che lo spirito del faraone avrebbe raggiunto dopo la morte; tuttavia, non avendo uno sbocco, ciò non pare plausibile.

Spaccato della Grande Piramide di Cheope

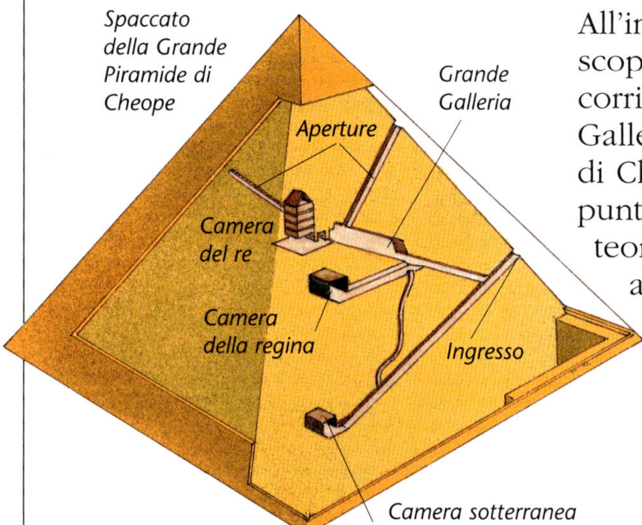

IL METODO

Ciascuna delle pietre della piramide pesa circa 2,5 tonnellate. Per sollevarle al livello desiderato venivano utilizzate delle rampe realizzate man mano che la costruzione progrediva.

Esempio di rampe

Le squadre di operai tiravano i blocchi di pietra sulle rampe con dei rulli.

Il lavoro era organizzato in squadre.

GLI OPERAI

Secondo lo storico greco Erodoto, i lavori furono realizzati dagli schiavi. Tuttavia, oggi sappiamo che gli Egizi impiegarono artigiani specializzati a tempo pieno e che la manodopera era per lo più costituita da contadini che prestavano la loro opera nelle "corvée" (vedi pag. 42).

CHEFREN E MICERINO

La piramide di Chefren è simile a quella di Cheope. È più piccola, ma sembra più grande perché è su un terreno rialzato. La sommità è in parte coperta dal rivestimento in calcare.

La piramide di Micerino è la più piccola delle tre, ma fu la più difficile da costruire per via del rivestimento di granito. Il granito è più duro del calcare e inoltre doveva essere trasportato da Assuan, in Alto Egitto.

CENTRO ATTIVO

Nelle fotografie, le piramidi danno spesso l'impressione che fossero isolate nel deserto. In realtà, nei tempi antichi, esse erano circondate da palazzi, templi e altre tombe e da porti pullulanti di barche. I sacerdoti e gli operai vivevano nelle città vicine: recentemente è stato scoperto il forno da pane degli operai che lavoravano alla costruzione delle piramdi. Nel 1954 sono state ritrovate due barche funebri regali, di cui una appartenente a Cheope. (vedi pag. 72).

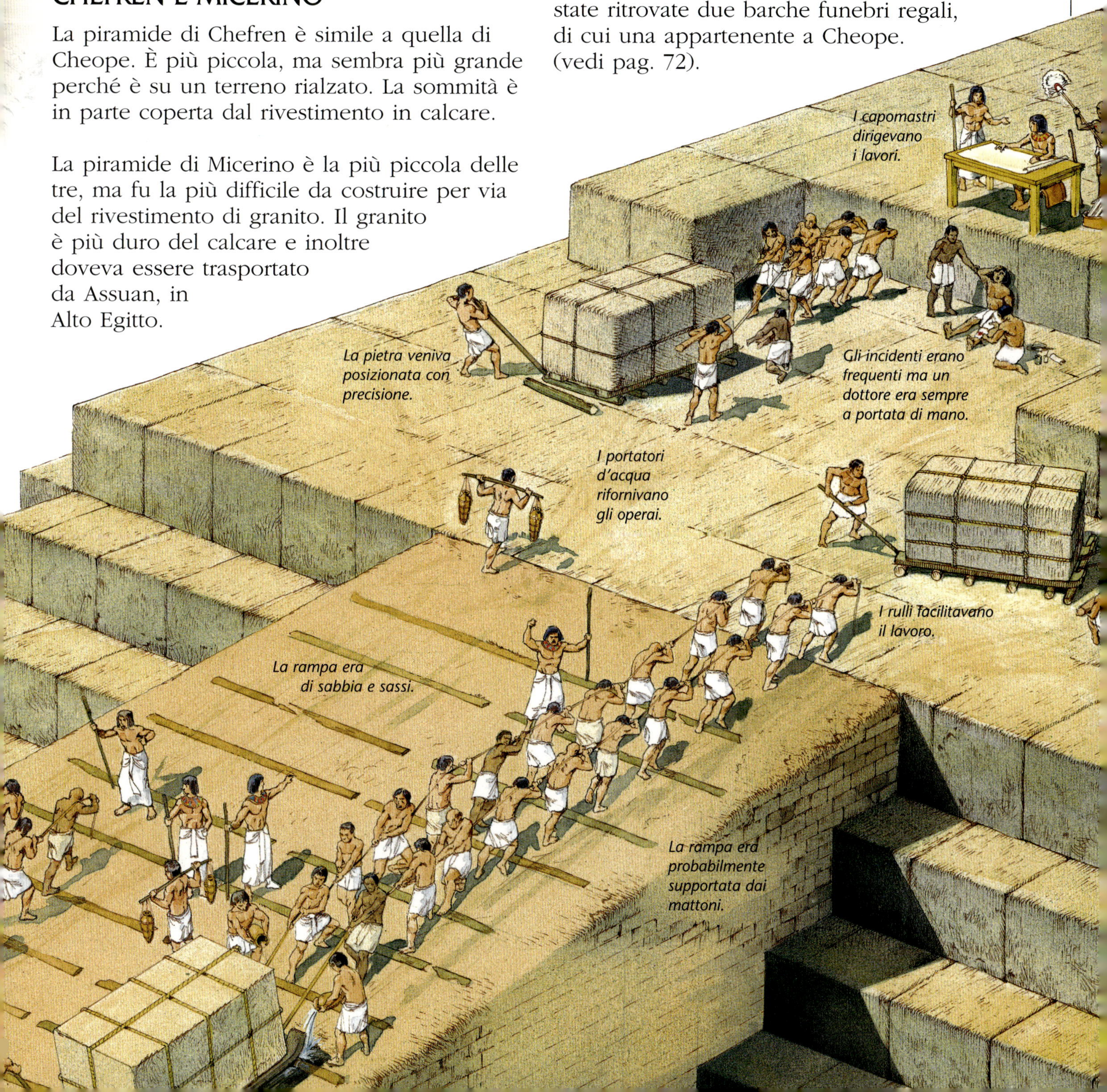

LE TOMBE NELLE ROCCE

Le prime tombe di nobili scavate nella roccia risalgono alla fine dell'Antico Regno. Le piramidi dei re furono sostituite da questo tipo di tombe solo nel Nuovo Regno. Quasi tutti i faraoni del Nuovo Regno furono sepolti nella Valle dei Re, di fronte a Tebe. Lì furono tumulati anche alcune regine (quelle successive ebbero la propria valle) e parecchi nobili.

LA VALLE DEI RE

La Valle dei Re è situata tra spettacolari pendici di rocce calcaree. L'ubicazione delle tombe, seppur nascoste nelle rientranze delle rocce, era nota e doveva quindi essere sorvegliata dai Medjay (polizia). Nonostante ciò, già verso la fine del Nuovo Regno molte tombe furono violate e spogliate dei tesori contenuti.

Le tombe sono decorate con scene tratte dal *Libro dei Morti*. Le occupazioni quotidiane di solito non erano raffigurate perché nell'aldilà i faraoni non avrebbero svolto alcun lavoro.

LA PIANTA

Le tombe sono di forme e dimensioni diverse ma tutte hanno gradini e corridoi. Le tombe più antiche (come quella di Tutankhamon della XVIII dinastia) erano a L; quelle successive (come quella di Sety I) avevano lunghi corridoi, con varie camere adiacenti; in fondo c'era la camera funeraria.

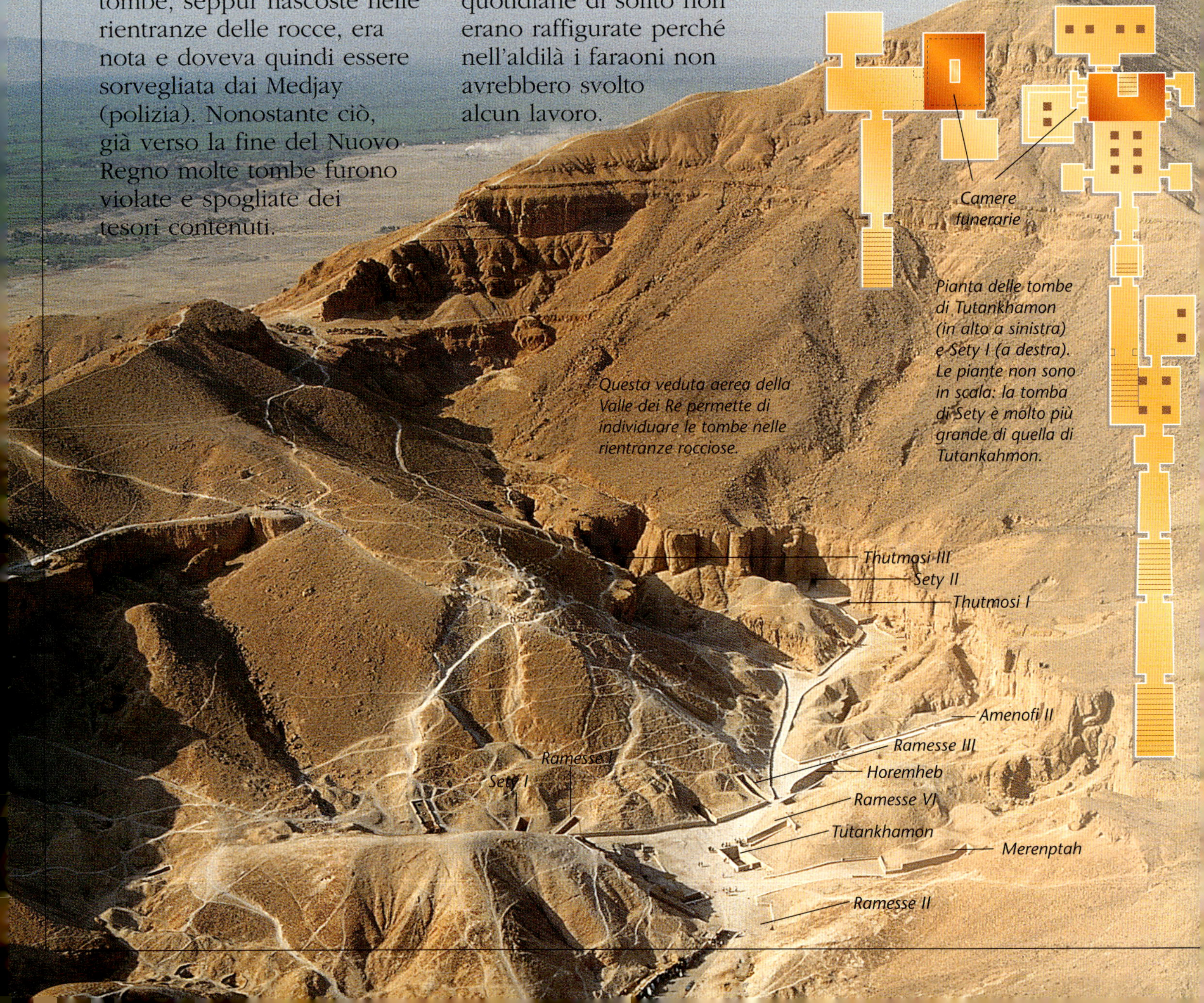

Pianta delle tombe di Tutankhamon (in alto a sinistra) e Sety I (a destra). Le piante non sono in scala: la tomba di Sety è molto più grande di quella di Tutankahmon.

Questa veduta aerea della Valle dei Re permette di individuare le tombe nelle rientranze rocciose.

IL METODO

La tomba veniva scavata dagli spaccapietre, dopodiché gli stuccatori coprivano le pareti con uno strato sottile di intonaco. Un disegnatore tracciava in rosso la griglia e il profilo delle figure, attenendosi a regole precise sulle proporzioni (vedi pag. 55) ed eseguiva le correzioni in nero. Infine, i pittori inserivano i particolari.

Se la durezza della roccia lo consentiva, le tombe venivano invece decorate con bassorilievi. In questo caso il lavoro degli scultori seguiva quello del disegnatore.

TOMBE VICINE

Le tombe dei nobili sono situate a sud della Valle dei Re, lungo le sponde rocciose del Nilo. In queste tombe le decorazioni sono di tipo religioso e raffigurano scene del funerale del defunto e della vita ultraterrena. A Deir el-Medina sono state scoperte bellissime tombe appartenenti agli operai.

Interno della tomba di Pashedu, operaio del villaggio di Deir el-Medina

I rilievi mai ultimati della tomba di Horemheb consentono di vedere la griglia e il disegno preparato per gli scultori.

LA TOMBA DI NEFERTARI

Ancora più a sud delle tombe dei nobili si trova la Valle delle Regine, con le tombe di regine e principi. La tomba più bella è senz'altro quella della regina Nefertari, la sposa prediletta di Ramesse II. Considerata da molti il più splendido esempio di tomba reale dell'antico Egitto, è stata magnificamente restaurata di recente ed è aperta ad un numero limitato di visitatori al giorno.

La figura di Nefertari adorna le pareti della tomba.

Le pitture della tomba di Nefertari hanno colori vivaci e brillanti.

Nefertari è abbigliata con vesti semitrasparenti di purissimo lino bianco.

I TEMPLI FUNERARI

Oltre ai templi dedicati agli dèi, molti dei templi conservatisi fino ai nostri giorni sono templi "funerari" del Nuovo Regno. Costruiti con lo scopo di glorificare i faraoni dopo la morte, si trovavano sulla riva ovest del Nilo, considerato il regno dei morti.

LE ROVINE

La maggioranza dei templi funerari sorgeva vicino alla Valle dei Re a Tebe. Oggi rimangono per lo più delle rovine. L'illustrazione qui sotto raffigura una ricostruzione del luogo, con la Valle dei Re, la Valle delle Regine e il villaggio degli operai presso Deir el-Medina.

I COLOSSI DI MEMNONE

Queste due statue si trovavano di fronte al tempio funerario di Amenofi III, smantellato dai re successivi.

Dopo lo smantellamento del tempio di Amenofi, un terremoto provocò una spaccatura in una delle statue, la quale cominciò a produrre uno strano suono al sorgere del sole. I Greci pensavano si trattasse del lamento di Memnone, eroe ellenico ucciso in battaglia. Il fenomeno era forse dovuto al calore del sole e all'umidità intrappolata nella fenditura della pietra. Nel 199 d.C. l'imperatore Settimio Severo fece riparare la crepa e il lamento del "colosso di Memnone" non si udì più.

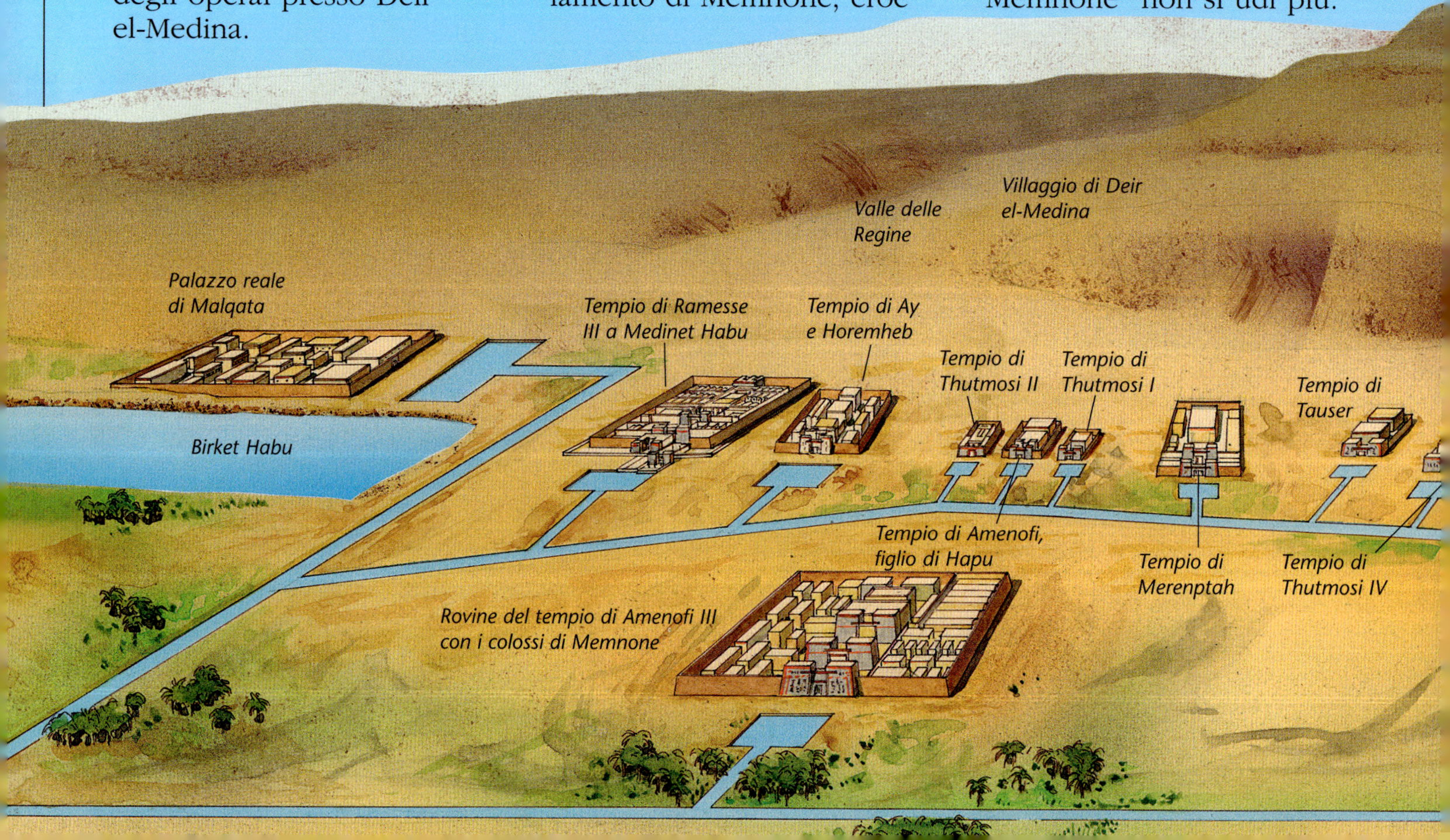

L'enorme tempio di Ramesse III a Medinet Habu è ancora in buone condizioni.

IL RAMESSEO

Come tutti le costruzioni edificate da Ramesse II, anche il tempio funerario, il Ramesseo, è di dimensioni monumentali. Le rovine della statua gigantesca di Ramesse, alta circa 20 metri, ispirarono tra l'altro il poeta romantico inglese Shelley, il quale nei versi di *Ozymandias* schernisce Ramesse per la sua arroganza e la sua mania di grandezza.

MEDINET HABU

Anche Ramesse III fece edificare un enorme tempio funerario, le cui pareti sono decorate da rilievi con scene di battaglia delle vittorie riportate da Ramesse contro i Libici e i Popoli del Mare. Alcune pitture murali raffigurano scene piuttosto raccapriccianti come quella degli scribi intenti a contare pile di mani amputate ai nemici uccisi.

I TEMPLI DI ABIDO

Abido, situata tra Menfi e Tebe, era il luogo più sacro dell'Egitto. Gli Egiziani pensavano che vi fosse sepolto il dio dei morti Osiride e divenne di conseguenza meta di pellegrinaggio e luogo di sepoltura.

Il re Sety I della XIX dinastia edificò un meraviglioso tempio funerario ad Abido. Le numerose pitture rimaste ne fanno uno dei più bei templi giunti fino a noi, mentre le sette cappelle dedicate a diversi dèi lo rendono unico nel suo genere. Il figlio di Sety, Ramesse II, lo completò e ne eresse un altro.

Nel tempio di Ramesse II ad Abido sono ancora visibili i bellissimi bassorilievi.

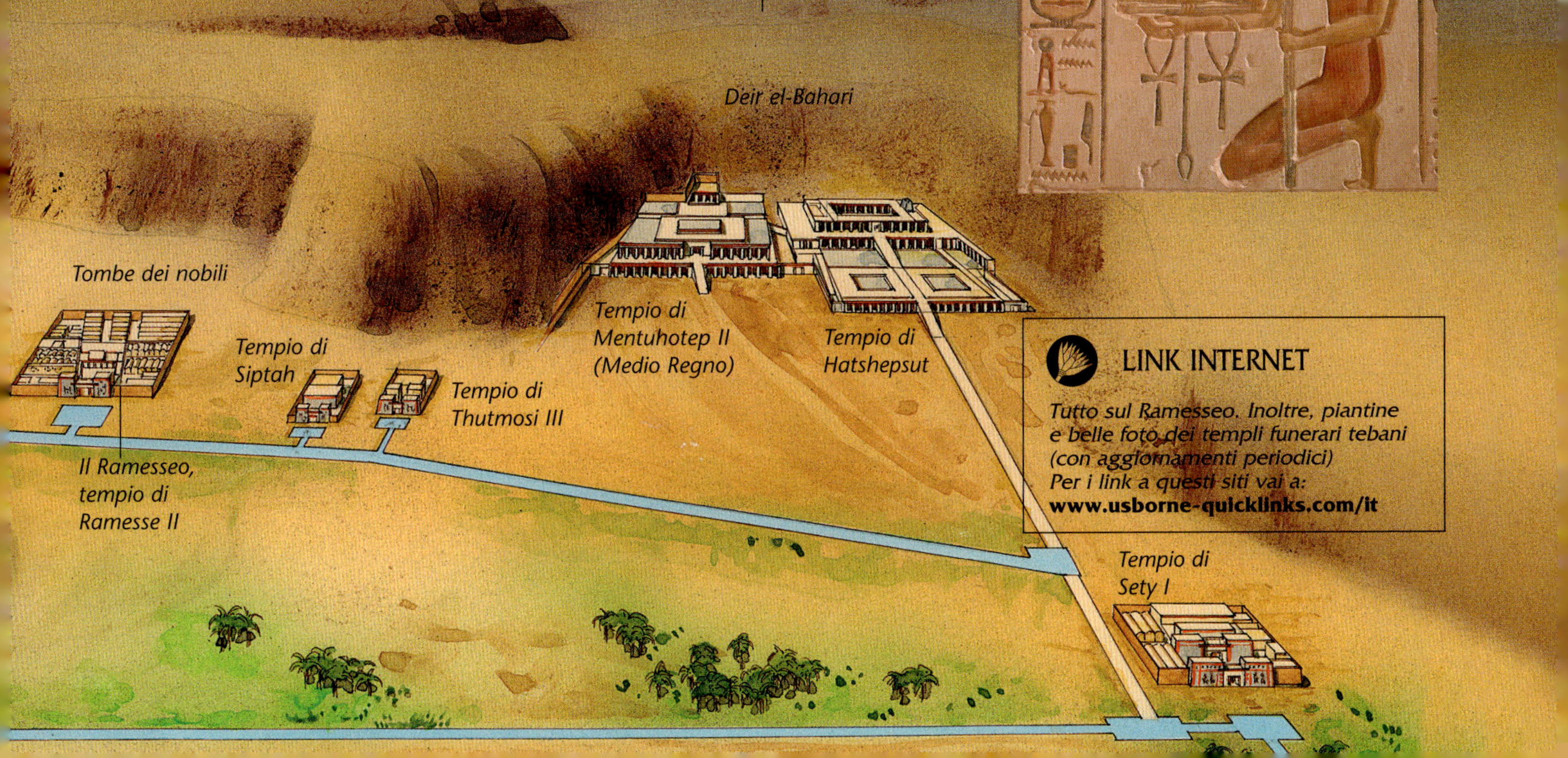

LINK INTERNET

Tutto sul Ramesseo. Inoltre, piantine e belle foto dei templi funerari tebani (con aggiornamenti periodici)
Per i link a questi siti vai a:
www.usborne-quicklinks.com/it

LA BARCA FUNEBRE

Le imbarcazioni avevano un ruolo importante sia nella vita quotidiana sia nelle credenze religiose. Il viaggio del re nell'aldilà avveniva su una barca funebre. I primi re avevano una barca dentro la tomba, o vicino, per il viaggio.

LINK INTENET

Per saperne di più sulla scoperta della barca solare di Cheope, con foto. Per i link a questi siti vai a:
www.usborne-quicklinks.com/it

La barca di Cheope era interrata accanto alla Grande Piramide.

IL VIAGGIO DI CHEOPE

Nel 1950 fu scoperta una barca appartenente a Cheope, il re che fece erigere la Grande Piramide di Giza. Era sepolta vicino alla piramide e fu probabilmente usata per portare la salma del re alla tomba.

La barca fu smantellata e disposta in 13 strati. È composta di 1224 pezzi di legno, alcuni grandi e altri minuti. Il legno è il cedro del Libano ma i pezzi più piccoli, come i paletti per le tavole, sono di sicomoro.

La barca ricostruita di Cheope è esposta a Giza.

LA RICOSTRUZIONE

La barca ricostruita è lunga 43,6 m. Le assi di legno di cedro sono tenute insieme da paletti e funi. Quando la barca era in acqua le funi si restringevano, avvicinando di conseguenza le assi e rendendola così a perfetta tenuta d'acqua.

La camera funeraria interna conteneva sei paia di remi, ma dato che l'imbarcazione era probabilmente trainata da barche più piccole, i remi dovevano essere usati per governare la barca.

VITA QUOTIDIANA

LA CASA

Le prime abitazioni degli Egiziani erano realizzate con pali di legno e fasci di canne. Al tempo dell'unificazione si passò ai mattoni di fango. Da allora in poi, sia i ricchi sia i poveri abitavano in case di mattoni. Le differenze riguardavano le dimensioni, i comfort e le decorazioni. I palazzi dei re erano grandi e lussuosi, mentre le case dei poveri erano molto piccole.

IL FANGO

Le piene del Nilo "fornivano" il fango ma obbligavano anche a costruire le case su terreni rialzati. Lo spazio era limitato e le case nuove venivano costruite su quelle precedenti. Per questo motivo sono rimaste poche case originali ma spesso vengono rinvenute delle fondamenta. Interi villaggi di operai sono stati portati alla luce a Karun, vicino al Fayum, a Deir el-Medina, vicino alla Valle dei Re e a Tell el-Amarna, la città abbandonata di Akhenaton.

LE CASE DEGLI OPERAI

Il villaggio di Deir el-Medina fu fondato nel 1550 a.C. ca. per alloggiare gli operai e gli artisti addetti alla costruzione delle tombe reali (vedi pagg. 68 e 80). Fu abitato per circa 500 anni e consente di capire come si viveva nel Nuovo Regno.

Il villaggio era diviso, da nord a sud, da una via centrale, lunga e stretta. Le case sui due lati della via erano anch'esse alte e strette e composte per lo più di quattro stanzette. Il villaggio era abitato da circa 60 famiglie.

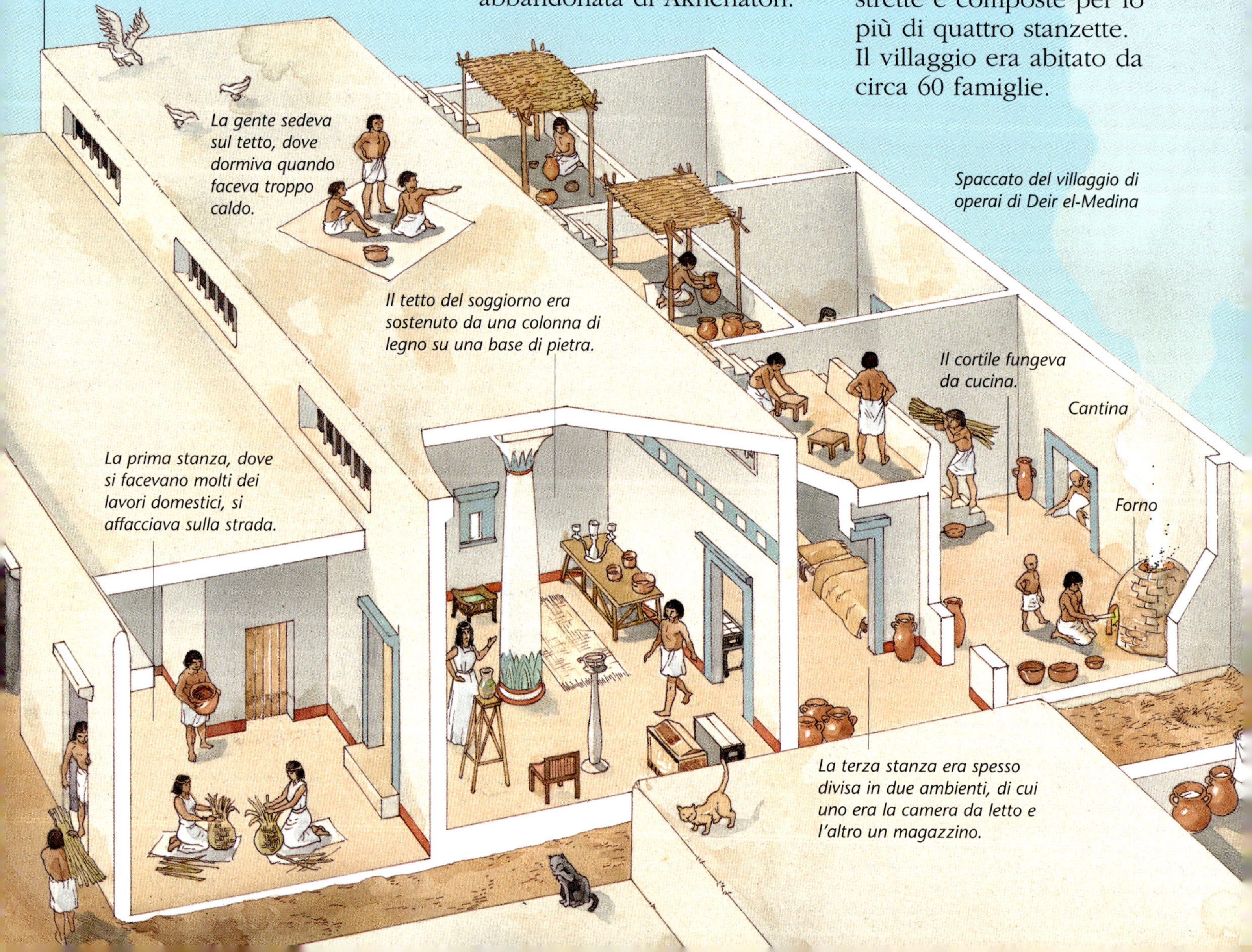

Spaccato del villaggio di operai di Deir el-Medina

LE CASE DI CITTÀ

Poiché il terreno edificabile era particolarmente scarso, nelle città le case avevano fino a quattro piani ed erano addossate una all'altra. Le strade erano strette e affollate. Non esisteva un sistema di fognature o di raccolta dei rifiuti, che venivano buttati nei pozzi, nel fiume o nelle strade. Gran parte del tempo veniva trascorso sui tetti per cercare sollievo dal caldo e per sfuggire al cattivo odore che proveniva dalle strade.

Modellino di casa cittadina a più piani

L'ARREDAMENTO

Dato che i mobili in legno erano molto costosi, la maggioranza delle case aveva un arredamento molto semplice. Tavoli, sedie e letti erano di legno locale a buon mercato o di canne.

Le ville erano invece arredate con mobili in legno pregiato importato, come l'ebano o il cedro, intarsiati d'avorio, metalli preziosi, pietre semipreziose e un materiale simile al vetro chiamato faïence. A volte erano persino coperti d'oro.

Le case erano illuminate da piccole lampade a olio, semplici ciotole con olio di lino e uno stoppino.

Sedia di una regina. Nonostante fosse più elaborata delle sedie usate dalle persone umili la linea era la stessa.

LINK INTERNET

Un sito in inglese su cui potrai vedere belle immagini di pitture e modellini egizi di case, arredamenti e scene di vita quotidiana.
Per il link a questo sito vai a:
www.usborne-quicklinks.com/it

LE VILLE

I ricchi abitavano in ville lussuose con molte stanze e un grande salone centrale per i ricevimenti. I muri interni ed esterni erano decorati con pitture e vi erano spesso bei giardini, con alberi e piscine.

Questa decorazione si trova a Tebe nella tomba di un ricco di nome Nakht, qui ritratto insieme alla moglie nel giardino.

La casa era dotata di aperture nel tetto per la ventilazione ed era costruita su una piattaforma per isolarla dal terreno.

DONNE E FAMIGLIA

La società egiziana ruotava intorno alla famiglia e il ruolo principale delle donne era di gestire la vita domestica e badare ai bambini. La maggioranza non svolgeva una professione. Tuttavia, in confronto alle donne di altre civiltà antiche, le donne egiziane godevano di libertà e spesso degli stessi diritti degli uomini.

La sepoltura delle donne ricche era elaborata come quella degli uomini. Questa scultura femminile fa parte di un sarcofago dell'Epoca Tarda.

I DIRITTI

Le donne non godevano degli stessi diritti degli uomini e la maggioranza di esse non sapeva né leggere né scrivere. Tuttavia, era loro consentito gestire rapporti commerciali, possedere proprietà e testimoniare in tribunale.

Le donne della classe alta e media di solito ricevevano un'istruzione e sapevano leggere e scrivere. Nonostante non potessero accedere a professioni importanti, come quelle al governo, aiutavano spesso i mariti nel loro lavoro.

Decorazione parietale con musiciste e danzatrici

LE PROFESSIONI

La maggioranza delle donne stava a casa ma alcune avevano una professione. Le nobili entravano a far parte della corte o divenivano sacerdotesse, mentre altre erano cantanti, danzatrici, musiciste e acrobate alla corte reale e nei templi. Vi erano poi tessitrici, giardiniere, prefiche e persino alcuni medici. Le più povere lavoravano spesso come domestiche e bambinaie per le famiglie reali e nobili. Ciò, a volte, dava loro influenza: i figli di alcune bambinaie reali occupavano posizioni importanti a corte.

Inoltre, in caso di assenza del marito, le donne gestivano l'attivita familiare, come per esempio la fattoria.

Una proprietaria terriera del Nuovo Regno controlla i lavori nella tenuta.

IL MATRIMONIO

I re avevano parecchie mogli, ma la maggioranza degli uomini comuni ne aveva una sola. Gli uomini si sposavano a vent'anni e le donne anche a 14 anni. Lo sposo o la sposa, scelti dai genitori, erano di solito dello stesso livello sociale o anche della stessa famiglia. Le statue, le pitture e i poemi d'amore indicano che, tuttavia, molte unioni erano coronate d'amore.

Statua del re Akhenaton mano nella mano con la moglie prediletta Nefertiti

IL CONTRATTO

Il matrimonio era un contratto legale con clausole finanziarie. Il marito dava una somma alla moglie per il suo mantenimento e la gestione della casa. Entrambi potevano possedere proprietà separate e avevano un fondo comune per i figli, al quale il marito contribuiva per due terzi e la moglie per un terzo.

Se l'unione non era felice il divorzio era ammesso e avveniva con una semplice dichiarazione fatta di fronte ad un testimone. Tuttavia, i parenti degli sposi cercavano di solito di persuadere la coppia a trovare un accordo e a restare insieme. Se ciò non era possibile, i figli rimanevano con la madre e i genitori erano liberi di risposarsi.

LINK INTERNET

Una pagina per saperne di più sulla famiglia e sui diritti della donna nella società egiziana. Per il link a questo sito vai a: **www.usborne-quicklinks.com/it**

MASCHIETTI E FEMMINUCCE

I bambini egiziani avevano molti giocattoli, come queste palle di argilla o questo cane che apre la bocca grazie a una leva.

Le femmine erano allo stesso livello dei maschi. Alla morte dei genitori, la terra passava di solito ai maschi mentre beni come casa, mobili e oggetti di valore andavano alle figlie. Non esistevano regole rigide e le figlie potevano ereditare la terra, specialmente in assenza di figli maschi.

Statuine di ragazzo e ragazza, parte di un gruppo familiare della V dinastia

L'AGRICOLTURA

L'agricoltura era la colonna portante dell'economia egiziana. Il terreno lungo il Nilo era molto fertile e dava raccolti abbondanti. Parte della produzione serviva a pagare le tasse al re, il quale a sua volta la usava per compensare i servitori, finanziare progetti edilizi o per le esportazioni.

ACQUA VITALE

Il calendario agricolo dipendeva dalle piene del Nilo. In primavera, il fiume si ingrossava per la pioggia e lo scioglimento delle nevi sulle montagne dell'Etiopia. La piena del Nilo, intorno al mese di luglio, allagava l'intera valle: era il periodo dell'inondazione.

Anche il livello della piena era importante. Se era troppo basso, il raccolto era scarso e c'era il rischio di carestie. Se era troppo alto, poteva inondare e spazzare via villaggi interi.

L'IRRIGAZIONE

Gli antichi Egizi impararono a sfruttare al massimo l'inondazione fin dal Periodo Predinastico. La terra era divisa in campi, separati da canali d'irrigazione. I canali venivano riparati ogni anno dagli operai durante le corvée (vedi pag. 42).

Dove l'inondazione non arrivava, l'acqua doveva essere portata nei vasi. Questo compito faticoso fu reso più facile dall'introduzione dello "shaduf" (vedi sopra) nel Nuovo Regno.

Una semplice macchina agricola, lo "shaduf" come quelli usati nell'antico Egitto.

AL LAVORO

Verso la fine di ottobre l'acqua del Nilo si ritirava, lasciando sul terreno uno strato spesso di fango fertile detto limo. I campi venivano arati e seminati e quindi calpestati da greggi di pecore che spingevano bene i semi nel terreno con i propri zoccoli. Le colture principali erano grano e orzo, da cui si ricavavano il pane e la birra.

Ancor oggi, gli agricoltori dipendono dal Nilo per irrigare i campi.

Pittura risalente all'Antico Regno. Le oche venivano allevate per le carni e le uova.

IL RACCOLTO

La mietitura avveniva nel periodo tra marzo e giugno. A volte si ingaggiava anche l'esercito, con tanto di falci, per dare una mano. Era importante finire il raccolto prima della grande calura estiva perché i canali andavano riparati prima dell'inondazione successiva.

Il grano era caricato su muli e portato sull'aia per la trebbiatura. In questa fase le spighe venivano calpestate dal bestiame o dai muli per essere separate dal gambo. Il grano veniva poi mondato, ossia lanciato in aria per eliminare frammenti di paglia e la pula.

La mondatura (da una pittura tombale)

Al termine, un decimo del raccolto doveva essere consegnato al faraone come tassa; inoltre i contadini di solito dovevano dare una parte del raccolto al proprietario terriero.

CARNE E LATTE

La terra era sfruttata soprattutto per le coltivazioni agricole e non per il pascolo. Tuttavia, i contadini allevavano pecore, capre e maiali, oltre a oche, anatre e piccioni. Il manzo era un vero lusso: solo i ricchi allevavano le mucche per il latte e la carne.

VARIETÀ

Oltre al grano, che era la coltivazione agricola più importante, molti coltivavano anche il lino. Abbondavano inoltre le verdure e la frutta: fagioli, lenticchie, cipolle, aglio, lattuga, cetrioli, porri, meloni, uva, melagrane, datteri e fichi.

OPERAI E ARTIGIANI

Gli operai-artigiani dell'antico Egitto erano membri della comunità rispettati e ben retribuiti. Nonostante gli utensili e le tecniche fossero rudimentali, la qualità dei loro lavori sorprende ancor oggi.

A GRANDE RICHIESTA

La maggioranza degli operai lavorava per il re, nella costruzione e nella decorazione di tombe, templi e palazzi; alcuni lavoravano nei laboratori dei nobili. Il lavoro in proprio nel tempo libero era un'altra fonte di guadagno.

DEIR EL-MEDINA

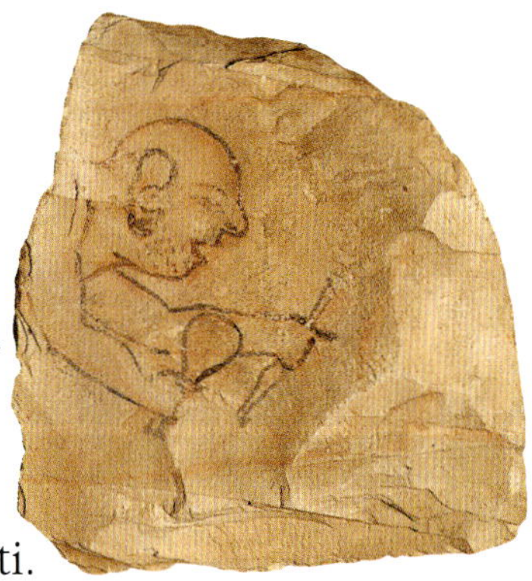

Schizzo di spaccapietre realizzato su un ostracon da un artista di Deir el-Medina.

La scoperta del villaggio di Deir el-Medina, dove abitavano gli operai che costruirono le tombe della Valle dei Re, ha rivelato particolari importanti. Questi operai erano particolarmente benestanti e disponevano del tempo libero necessario per costruire tombe anche per sé stessi. Si dilettavano inoltre ad eseguire schizzi sugli *ostraca* (frammenti di pietra).

Gli operai non erano pagati in denaro, bensì con grano, pesce, verdure, carne, sale, birra e olio e talvolta persino con argento o vino. Il grano in eccesso poteva essere barattato con altri prodotti. Il villaggio, situato nel deserto, era rifornito da portatori di acqua e il grano veniva macinato dalle schiave.

Gli utensili degli operai, come quest'ascia da falegname, erano robusti e di buona fattura.

I CANTIERI

Durante la costruzione delle tombe, gli operai vivevano in capanne nella Valle dei Re. Lavoravano otto ore al giorno, con una lunga pausa per il pranzo e un giorno libero ogni dieci giorni. Era inoltre concesso loro di partecipare alle feste religiose.

Gli operai erano divisi in due gruppi sui due lati della tomba, sotto la sorveglianza di due capomastri. Uno scriba registrava i materiali e gli attrezzi, le ore di lavoro e la paga. Altri due uomini si occupavano dei magazzini.

Modellino di un laboratorio di falegnameria del Medio Regno

Orafi al lavoro in un laboratorio

ABILI ARTIGIANI

Vi erano inoltre molti artigiani che usavano metodi e materiali diversi. Ecco alcuni esempi:

- I falegnami usavano vari tipi di legno: sicomoro egiziano, fico e palma. Ebano e cedro, importati, venivano utilizzati principalmente per le statue e i mobili.
- Gli orafi e i gioiellieri lavoravano al martello il rame, il bronzo, l'argento, l'oro e l'elettro (lega di oro e argento). Per realizzare le statue e i modelli il metallo veniva fuso e versato in forme di pietra o terracotta.
- I vasai lavoravano l'argilla o la pietra delle cave nel deserto. Alcuni vasi erano decorati con la faïence, uno smalto simile al vetro.
- Per fabbricare vasi e altri recipienti i vetrai facevano una forma di argilla e sabbia che veniva poi immersa in un recipiente di vetro fuso. Quando il vetro era freddo, l'argilla veniva raschiata via.

I LABORATORI

Le pitture murali raffigurano altri artigiani al lavoro nei laboratori. Come nei cantieri, il lavoro era controllato da un caposquadra per garantire la massima qualità del prodotto finito, mentre gli scribi tenevano il registro. Tra i compiti dei capisquadra vi era quello della sicurezza, specialmente quando gli artigiani lavoravano oro, argento e pietre preziose.

LINK INTERNET

Una pagina dedicata alle professioni dell'antico Egitto.
Per il link a questo sito vai a:
www.usborne-quicklinks.com/it

Questo rilievo raffigura un orafo intento a soffiare in un forno, un lavoro difficile e rischioso.

LAVORO PER TUTTI

Vi erano parecchie cose di cui gli Egiziani non potevano fare a meno: pane, olio, birra, tessuti di lino per gli indumenti e mattoni di fango per la costruzione delle case. La produzione di questi beni indispensabili non richiedeva manodopera specializzata e dava lavoro moltissima gente.

Questa pittura della tomba di Khaemwese illustra le varie fasi della produzione del vino.

IL PANE

Nell'antico Egtto il pane costituiva una parte fondamentale della dieta di ricchi e poveri. Le forme di pane e il tipo di farina variavano. I ricchi preferivano il pane bianco ma la maggior parte della popolazione mangiava un pane integrale meno raffinato. I dolci avevano forme bizzarre.

Il pane veniva preparato con farina e acqua. Di solito questo compito spettava alle donne e ai servi nelle case. Nei cantieri venivano sfornate in loco grandi quantità di pane per gli operai.

LE BEVANDE

La bevanda più comune nell'antico Egitto era la birra. Il grano e il pane venivano macerati nell'acqua, pestati, passati al setaccio e lasciati fermentare. Talvolta si aggiungevano spezie e datteri e poi si setacciava di nuovo il tutto. La birra veniva messa in grandi vasi sigillati con tappi di argilla, ed era consumata subito perché non manteneva a lungo la sua effervescenza.

I ricchi bevevano anche il vino. L'uva cresceva sui pergolati e veniva raccolta non appena matura; era poi schiacciata con i piedi e il succo veniva versato nei vasi e fatto fermentare.

Modellino del Medio Regno. Il personaggio a sinistra prepara la birra.

Le due figurine a destra lavorano la pasta per fare il pane.

LA CANNA

Le canne che crescevano in gran quantità lungo il fiume Nilo avevano vari impieghi. Venivano tagliate per costruire barche e tetti; seccate e intrecciate per ottenere cesti, tappeti, casse e sandali. Dal papiro, in particolare, si ricavavano i rotoli usati dagli scribi.

Pianta di papiro

La parte esterna veniva rimossa.

Le strisce di midollo venivano macerate.

Le strisce erano pressate una sull'altra con un martello e dei pesi.

IL LINO

Il tessuto di lino poteva essere molto grezzo o incredibilmente fine come quello "reale", così leggero da essere quasi trasparente. La lavorazione di quest'ultimo richiedeva operai specializzati.

Il fusto del lino era fatto macerare nell'acqua e poi battuto. Le strisce ottenute venivano pettinate e fatte asciugare e poi filate con i fusi fino a ricavare dei fili lunghi. Infine, i fili venivano tessuti sui telai.

Tessuto di lino ritrovato al villaggio di Deir el-Medina

LINK INTERNET

Un sito che contiene curiosità e informazioni interessanti sulla birra presso gli antichi Egizi.
Per il link a questo sito vai a:
www.usborne-quicklinks.com/it

FANGO PREZIOSO

In generale, gli edifici erano costruiti con mattoni di fango. La sabbia e i pezzi di paglia venivano impastati con il fango. Questo era poi tagliato in blocchi a forma di mattone e lasciato seccare al sole per alcuni giorni, dopodiché i mattoni erano pronti.

Servo che porta i beni del padrone.

SERVI E SCHIAVI

Prima del Nuovo Regno, il numero di schiavi era esiguo sebbene i ricchi disponessero di servi che si occupavano dei lavori di casa e degli ospiti. Quando l'Egitto divenne un forte impero con molti prigionieri di guerra la schiavitù si diffuse. Anche agli operai venivano assegnati degli schiavi.

La vita degli schiavi che lavoravano nelle cave e nei cantieri era dura. Alcuni, tuttavia, avevano padroni indulgenti ed erano trattati bene. Talvolta venivano affrancati e sposavano persino gente locale.

L'ISTRUZIONE

Nella società egiziana la redazione di documenti scritti era fondamentale. Di conseguenza, i pochi privilegiati che sapevano leggere e scrivere non erano mai a corto di lavoro. Gli scribi erano invidiati (non dovevano faticare sotto il sole) e godevano di grande rispetto.

Nelle scuole, come in questa annessa al tempio, la disciplina era rigida e la punizione fisica era pratica comune.

PER CHI?

La scuola era a pagamento e quindi limitata a chi disponeva di mezzi. Per i contadini, l'istruzione era l'unico modo di assicurare un futuro migliore ai figli. Le giovani delle famiglie ricche imparavano a leggere e scrivere come i ragazzi, a differenza di quelle delle famiglie povere.

Esistevano vari tipi di scuole. I figli dei nobili partecipavano alle lezioni tenute nel palazzo per i giovani principi. Vi erano poi le scuole dei templi e le scuole dei villaggi annesse ai santuari locali.

IN CLASSE

I maschi andavano a scuola a cinque anni e imparavano sia la scrittura geroglifica sia quella ieratica (vedi pagg. 86-87). Passavano molto tempo a copiare e a recitare testi per perfezionare la lettura e la scrittura. Il testo adottato dai maestri per insegnare ai principianti era il *Kemyt*, cioè "completamento", una raccolta di modelli di lettere, frasi ed espressioni. Per gli studenti più avanzati venivano impiegati classici della letteratura egiziana, ad esempio il libro sulle norme di comportamento per i giovanotti intitolato *I Testi della Saggezza*. Altri testi decantavano la professione degli scribi contrapponendola a quella degli umili operai, alimentando in tal modo uno spirito elitario.

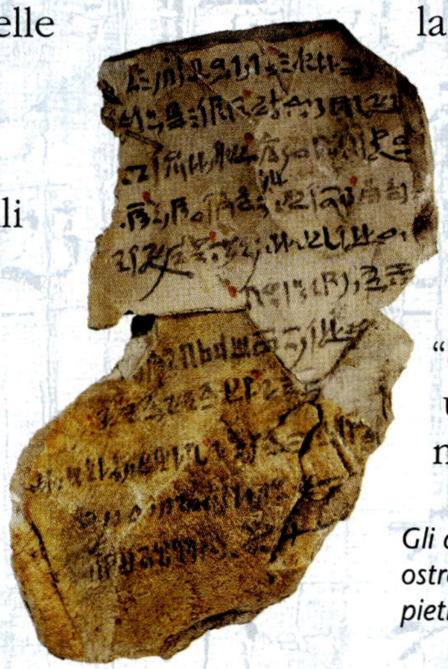

Gli alunni scrivevano sugli ostraca (frammenti di pietra calcarea).

LINK INTERNET

Scopri come funzionavano i geroglifici e il sistema di numerazione degli Egizi. Per i link a questi siti vai a:
www.usborne-quicklinks.com/it

E POI?

Chi aveva appreso a leggere e a scrivere poteva diventare uno scriba. Per i più, l'istruzione scolastica si concludeva qui. I ricchi continuavano gli studi con conoscenze di matematica, storia, letteratura, religione, geografia, lingue straniere, topografia, ingegneria, astronomia, medicina e contabilità.

GLI SCRIBI

Dalla stesura di lettere alla redazione di documenti legali come testamenti, contratti commerciali e di matrimonio, agli scribi il lavoro non mancava di certo. Copiavano inoltre i documenti delle biblioteche dei templi e scrivevano le suppliche agli dei per conto di tutti coloro che non sapevano scrivere.

Gli scribi lavoravano anche nei ministeri. L'avanzamento della carriera dipendeva dalle capacità professionali e dalle "raccomandazioni". Gli impiegati amministrativi, fiscali, legali e del ministero estero potevano diventare consiglieri e persino ministri.

Il Papiro matematico di Rhind tratta la soluzione di diversi problemi pratici e matematici.

ATTREZZI DEL MESTIERE

I documenti importanti erano redatti su papiro (vedi pag. 83), il primo tipo di carta utilizzato. Poiché era costoso, normalmente si utilizzavano tavolette di legno coperte di gesso che si potevano cancellare oppure gli *ostraca* (frammenti di calcare). L'inchiostro era in blocchi solidi, di colore nero o rosso, che venivano sciolti in acqua su una tavolozza. Le penne erano di canna e simili a pennelli.

Tavolozza e inchiostro dello scriba. C'era anche un piccolo contenitore con l'acqua per sciogliere l'inchiostro.

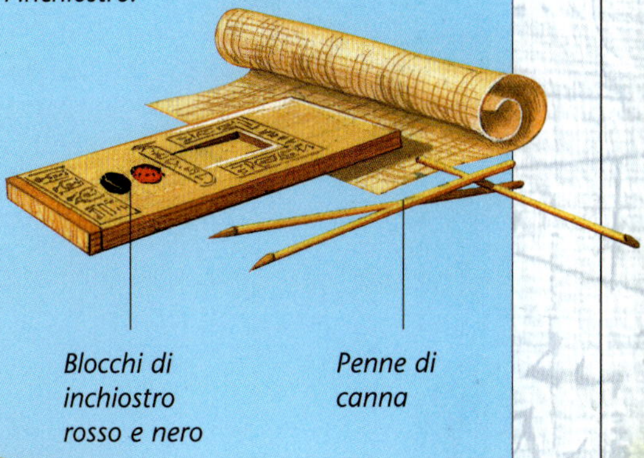

Statua di scriba seduto con papiro

I GEROGLIFICI

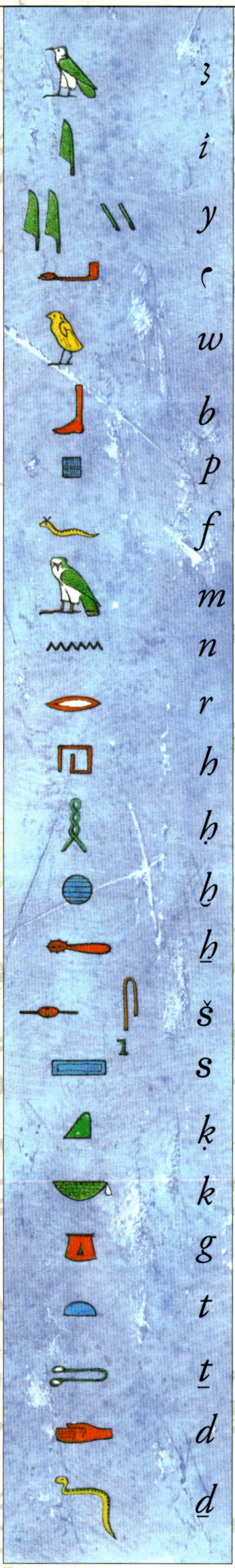

I 24 simboli che rappresentano le lettere.

Presso gli antichi Egizi esistevano due tipi di scrittura. La scrittura ideografica che vediamo incisa sui monumenti è detta geroglifica; mentre la versione semplificata (detta ieratica) era principalmente usata su papiro.

"PAROLE DIVINE"

Secondo gli antichi Egizi, la scrittura era un dono di Thot, dio della saggezza, ed era perciò definita *mdw ntr*, che significa "parole divine". Sempre secondo gli Egizi i simboli impiegati avevano il potere magico di creare le cose descritte.

In seguito, i Greci chiamarono questi simboli con il nome che tutti conosciamo, geroglifici, cioè "sculture sacre". I geroglifici erano infatti scolpiti su pietra o dipinti sulle pareti delle tombe e non scritti su papiro.

Geroglifici incisi sulle pareti di una tomba nella Valle delle Regine, coi colori ancora visibili

LE REGOLE

La scrittura geroglifica è un sistema complesso di oltre 700 simboli. Qui sotto sono descritte alcune delle regole di base.

Molti dei simboli usati sono la raffigurazione di un oggetto. In questo caso, accanto al simbolo è tracciata una lineetta.

r = bocca

Il simbolo può rappresentare, oltre a una cosa, anche un suono e può comparire in una parola semplicemente come lettera. I simboli che rappresentano delle lettere sono 24.

nfr = bello (leggi "nefer")

Qui significa "r" e non "bocca"

Molti altri segni rappresentano più di una lettera e hanno anche altri significati.

kꜣ = spirito (leggi "ka")

ḥtp = altare (leggi "hotep")

ḫꜣst = collina (leggi "khaset")

Dato che non sempre era facile capire la parola avendo a disposizione solo la lettera, le si aggiungeva alla fine un altro simbolo, detto "determinativo", per confermarne il significato.

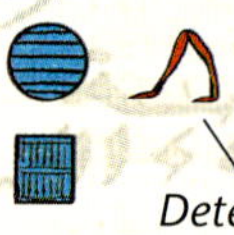

ḫpi = camminare (leggi "khepi")

Determinativi

miiw = gatto (leggi "miao")

LE VOCALI

Tra le "lettere" geroglifiche non comparivano le vocali, ma solo semivocali come la "y". Le vocali esistevano solo nella lingua parlata. Ciò, per quanto strano, è vero anche oggi per altre lingue (l'arabo moderno, ad esempio). Poiché non conosciamo con certezza quali fossero i suoni delle vocali e della lingua in generale, la stessa parola può essere scritta in modo diverso a seconda dei testi.

LA LETTURA

Imparare a leggere i geroglifici richiede molto tempo. Un buon punto di partenza è familiarizzarsi con il nome di re e regine, facilmente riconoscibili perché racchiusi in una cornice ovale, o cartiglio, che serviva a proteggere il nome regale.

I geroglifici possono essere letti da sinistra a destra, da destra a sinistra e dall'alto in basso. I simboli di persone e uccelli, collocati sempre all'inizio della frase, determinano il senso di lettura. Ecco alcuni esempi:

Si legge da sinistra a destra: "Figlio di Ra, Signore di ciò che appare, Sety amato da Ptah".

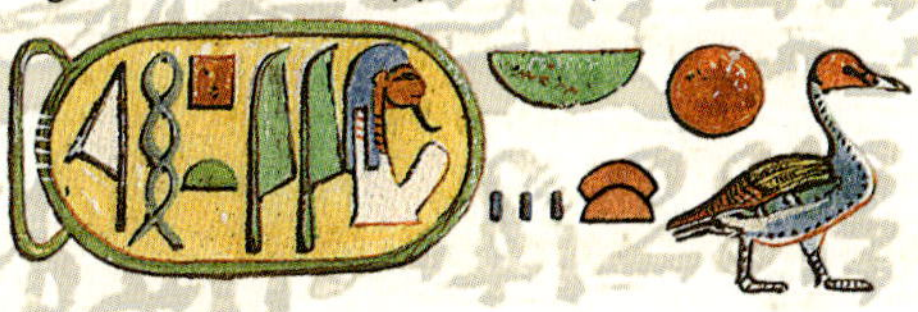

Stessi geroglifici ma letti da destra a sinistra

Questi geroglifici vanno letti da destra a sinistra e dall'alto in basso. La colonna di destra dice: "Re dell'Alto e del Basso Egitto, Signore delle due Terre, User-Kheperu-Ra amato da Amon".

IERATICO E DEMOTICO

La scrittura ieratica, molto più rapida e semplificata, risale all'Antico Regno. Deve il suo nome, che significa "sacerdotale", ai Greci perché era usata soprattutto dai sacerdoti. Poi, durante l'Epoca Tarda (700 a.C. ca.) comparve un'altra scrittura ancora più semplificata della ieratica. Dato che era particolarmente facile da scrivere questa lingua era detta demotica, ossia "del popolo".

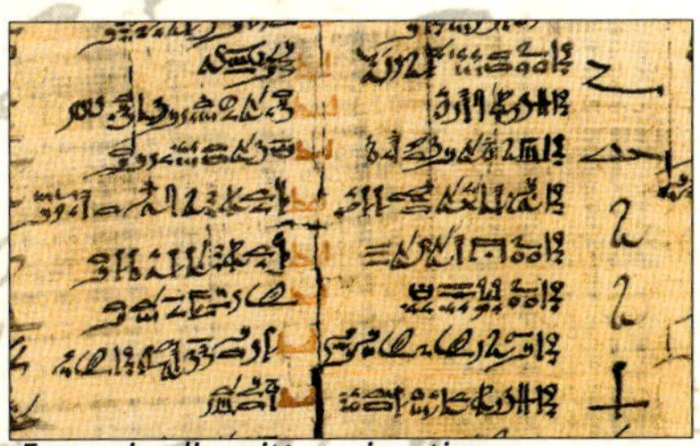

Esempio di scrittura ieratica

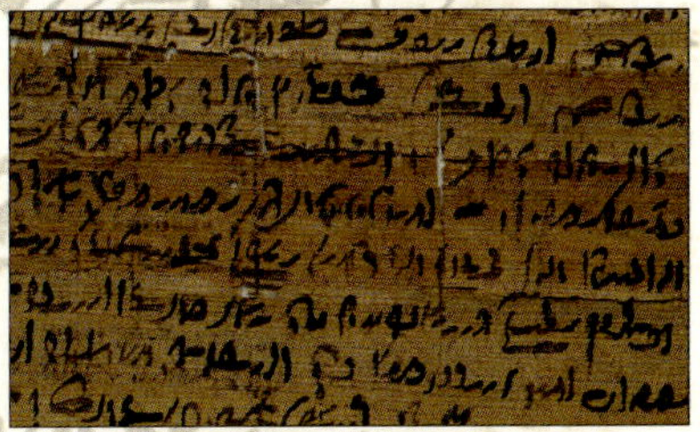

Esempio di scrittura demotica

IL DECLINO

Dopo la caduta dei Tolomei, la diffusione del cristianesimo provocò il declino della cultura egizia. Persino la lingua egiziana cominciò a modificarsi per poter descrivere i concetti del cristianesimo.

La nuova lingua cristiana era il copto; ancor oggi i cristiani egiziani sono chiamati copti. La lingua usata nei riti religiosi copti è la più vicina all'antico egiziano.

Colonna di un tempio con incisioni geroglifiche

FESTE E SPORT

Le scene di banchetti, feste e caccia dipinte nelle tombe indicano chiaramente che gli Egiziani amavano divertirsi. Le pitture avevano lo scopo di garantire al defunto una vita ultraterrena piena di allegria ma riflettono anche il gusto per il divertimento nella vita terrena.

Scena con banchetto da una pittura della tomba di Nebamun. Gli ospiti hanno coni di unguento sul capo.

I BANCHETTI

I ricchi Egizi amavano aprire la propria casa agli amici, ricevendoli con grandi quantità di carne, verdure, frutta e fiumi di vino e di birra. La sala da pranzo era addobbata con fiori e arricchita di vassoi di frutta e le migliori stoviglie.

Servo con un'oca destinata al banchetto

Al loro arrivo gli ospiti venivano accolti con una ghirlanda di fiori e accompagnati a lavarsi le mani in ciotole di acqua profumata. Dopo aver preso posto su cuscini, sedie e sgabelli essi iniziavano a sorseggiare il primo bicchiere di vino. Un servo poi metteva sul capo di ciascun ospite un cono di unguento profumato che sciogliendosi, inumidiva le parrucche degli invitati rinfrescandoli e profumandoli.

A questo punto aveva inizio la festa vera e propria. La moderazione non era di casa: si mangiava e si beveva in abbondanza e in allegria.

Il cibo era servito in piatti come questo di faience della XVIII dinastia.

MUSICA E DANZE

Oltre che dalle portate alimentari e dal vino, i migliori ricevimenti erano allietati da spettacoli. All'arrivo degli ospiti e durante tutto il banchetto i musici suonavano l'arpa, la lira, il flauto e i tamburi. Una volta terminato il pasto si esibivano invece cantanti e cantastorie, danzatori, acrobati e giocolieri.

Un suonatore di flauto e un cantante si esibiscono ad una festa.

LINK INTERNET

Su questi siti potrai imparare a giocare a senet, secondo le regole ricostruite dagli studiosi, e scoprire altri giochi degli Egizi. Per i link a questi siti vai a:
www.usborne-quicklinks.com/it

ANIMALI ESOTICI

La caccia nel deserto era un altro degli sport preferiti dei nobili. Animali come lepri, volpi, antilopi, struzzi e a volte leoni venivano inizialmente cacciati a piedi; durante il Nuovo Regno furono introdotti i carri trainati da cavalli. La caccia era inoltre una buona occasione per festeggiare con un picnic, bevande e allegria.

I GIOCHI

Ma gli antichi Egizi non amavano solo le feste rumorose: essi sapevano apprezzare anche attività più sedentarie come i giochi da tavolo. Il senet, il più comune, era un gioco a pedine che divertiva tutti, dai membri della famiglia reale ai contadini.

Sebbene le regole del senet siano andate perdute, quelle essenziali sono state ricostruite.

LO SPORT

Caccia e pesca erano per molti Egizi una necessità, ma per i ricchi si trattava semplicemente di uno sport. Lo sport più pericoloso era la caccia a coccodrilli e ippopotami. Una squadra di cacciatori arpionava l'animale che veniva poi trascinato a riva con funi e reti.

I nobili, scortati dai loro servitori, cacciavano soprattutto gli uccelli. I volatili venivano fatti alzare in volo da gatti ammaestrati e poi catturati lanciando appositi bastoni che gli spezzavano il collo.

I bastoni spezzavano il collo dell'uccello.

Le pitture murali raffigurano una grande varietà di animali e uccelli.

L'ABBIGLIAMENTO

Nonostante gli Egiziani si curassero molto del loro aspetto, gli abiti erano semplici e cambiarono di poco nel corso dei secoli. I gioielli, al contrario, erano molto vistosi. I ricchi portavano abiti e monili più originali.

STILE SEMPLICE

Gli abiti erano di lino, molto fine per i ricchi e grezzo e pesante per la gente comune. Fino al Nuovo Regno le donne portavano un vestito con le spalline, semplice e aderente e lungo fino alla caviglia. Gli uomini usavano un gonnellino di lino arrotolato in vita lungo fino al ginocchio o alla caviglia. In inverno, sia gli uomini che le donne indossavano un mantello di lino pesante.

Statue di Rahotep e Nofret, una coppia dell'Antico Regno. Rahotep indossa un gonnellino semplice e Nofret un abito con mantello e la parrucca.

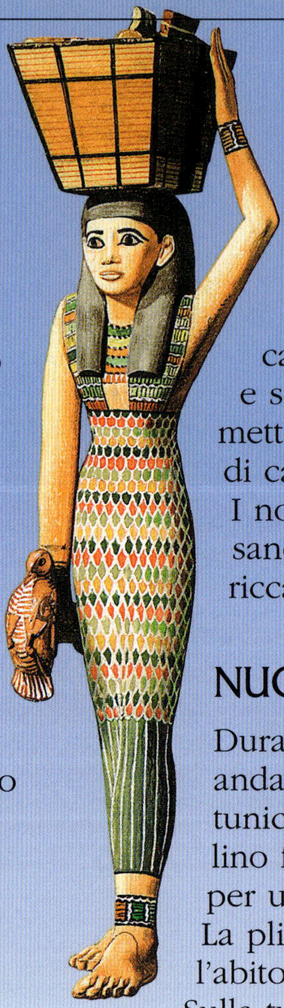

Giovane serva con abito dai motivi vivaci

Gli antichi Egizi camminavano scalzi e solo poche volte mettevano sandali fatti di canne di papiro. I nobili portavano sandali di cuoio riccamente decorati.

NUOVA MODA

Durante il Nuovo Regno andavano di moda tuniche e mantelli di lino fine plissettato per uomini e donne. La plissettatura rendeva l'abito più elegante. Sulla tunica, le donne cominciarono a indossare uno scialle plissettato con una frangiatura colorata a cui erano attaccati piccoli ornamenti. Gli uomini portavano talvolta un gonnellino lungo di lino semitrasparente sopra la tunica corta.

Pittura tombale del Nuovo Regno: la nuova moda elaborata impiegava più tessuto per le plissettature.

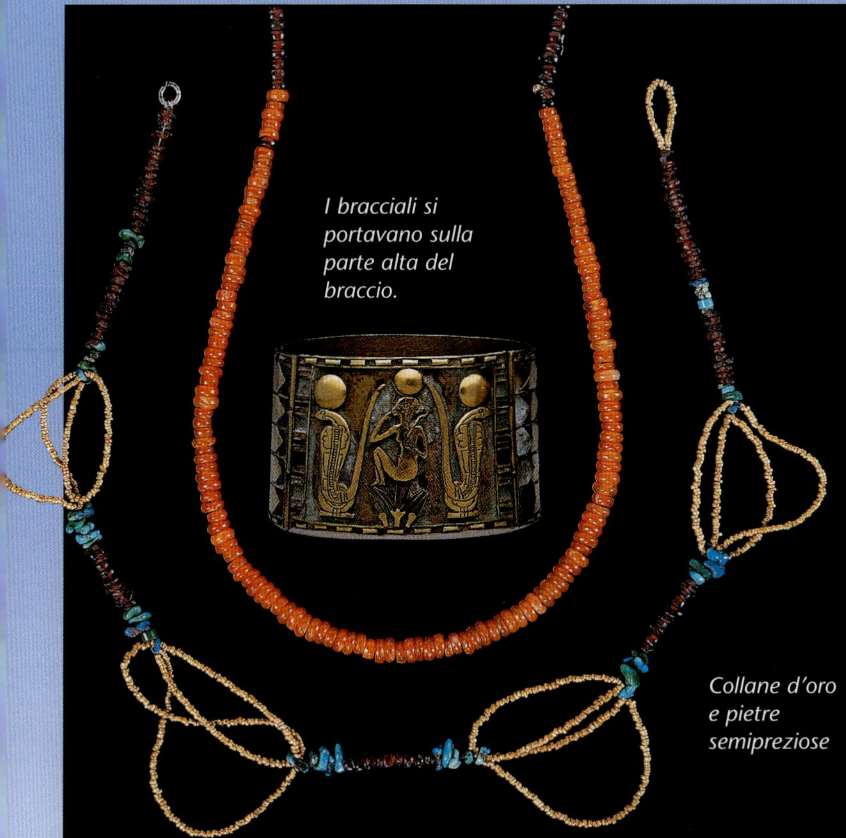

I bracciali si portavano sulla parte alta del braccio.

Collane d'oro e pietre semipreziose

I GIOIELLI

L'abbigliamento egizio non era considerato completo senza amuleti, collane, bracciali e altri monili. Gli oggetti dei poveri erano fatti di rame e faïence, materiali poco pregiati. I ricchi sfoggiavano invece gioielli d'oro, argento o elettro, spesso ornati con pietre semipreziose e vetro.

Gli ornamenti più vistosi erano i grandi collari indossati sia dai servi che dai loro padroni. I collari erano semicerchi fatti di fili di perle o di pietre preziose, ed erano indossati soprattutto dalle donne ma spesso anche dagli uomini.

LE ACCONCIATURE

In generale, gli uomini portavano i capelli corti; i nobili li tenevano più lunghi. Non amavano barba e baffi (Rahotep, nell'illustrazione della pagina accanto, è un'eccezione). I giovani si rasavano il capo lasciando una ciocca laterale detta "boccolo della gioventù". Le donne portavano i capelli lunghi e sciolti sulle spalle o acconciati in vari modi e decorati con fiori, spilloni e perline.

Alle feste, uomini e donne indossavano la parrucca. Quelle dei ricchi, soprattutto negli ultimi periodi, avevano trecce e ricci molto elaborati. Dalle parrucche pendevano degli ornamenti, oppure erano decorate con perline e pietre preziose. Le migliori erano fatte di capelli veri; ma c'erano versioni più economiche in lana nera.

LINK INTERNET

Un sito in inglese su cui creare nuove acconciature nello stile egiziano. Per il link a questo sito vai a:
www.usborne-quicklinks.com/it

Giovane con il tipico "boccolo della gioventù" e gioielli

Il cono sul capo è fatto di unguenti profumati.

Donna del Nuovo Regno con parrucca lunga ed elaborata decorata con un loto blu, un fiore sacro.

I TRASPORTI

Il Nilo era come una grande strada che attraversava il Paese da un capo all'altro. Delle strade vere e proprie avrebbero rubato spazio all'agricoltura nella Valle del Nilo e l'inondazione annuale le avrebbe sommerse. I mezzi di trasporto più frequenti erano, di conseguenza, le barche.

VIAGGI BREVI

In generale, la gente non viaggiava molto e si limitava ad attraversare il fiume o a coprire brevi distanze. Il tipo di barca realizzato, fin dai primi tempi, con fasci di canne continuò ad essere usato per pescare e navigare. A partire dall'Antico Regno, però, tutte le imbarcazioni di una certa grandezza (come i traghetti per i passeggeri) vennero costruite in legno.

LA NAVIGAZIONE

Navigare verso il nord sul fiume era facile perché è in quella direzione che il Nilo scorre. Fortunatamente, il vento generalmente soffia da nord e ciò consente di navigare controcorrente a sud con una barca a vela. Dai rilievi e dalle pitture si capisce la direzione delle navi egiziane a seconda che abbiano la vela alzata o abbassata.

Il geroglifico per "diretto a sud" era una barca con la vela alzata.

Il geroglifico per "diretto a nord" aveva la vela abbassata.

IL FIUME

Il Nilo era usato moltissimo per gli spostamenti ma anche per rilassarsi e divertirsi. Uno dei passatempi preferiti dei nobili era andare in barca. Queste imbarcazioni da diporto spesso avevano una cabina con una tettoia che riparava i passeggeri dal sole.

Anche la caccia a uccelli, coccodrilli e ippopotami era uno sport molto popolare in Egitto. Inoltre gli antichi Egizi amavano giocare e sguazzare nelle acque del fiume. Spesso si tenevano delle gare in cui due squadre a bordo di imbarcazioni cercavano di buttare in acqua gli avversari.

Barca di un nobile con tettoia

Traghetto passeggeri

LE CHIATTE

Gli Egiziani trasportavano le merci sul fiume e a questo scopo erano necessarie barche robuste e di grosse dimensioni per grandi carichi. I carichi più pesanti di tutti erano i blocchi di pietra utilizzati nelle costruzioni. In questi casi venivano impiegate chiatte enormi che a volte dovevano essere trainate da 27 barche più piccole.

Una delle chiatte più grandi fu usata per trasportare gli obelischi di granito di Hatshepsut da Assuan fino ai templi di Karnak: era lunga 82 metri.

MARE APERTO

I mercanti egiziani navigavano dalla costa mediterranea verso altri Paesi del Mediterraneo orientale e attraversavano il deserto per raggiungere il Mar Rosso alla volta di Punt. Le navi mercantili destinate alla navigazione del Mar Rosso venivano talvolta costruite lungo il Nilo e poi smontate, trasportate fino al mare e lì rimontate. Erano robuste e molto spaziose, come puoi constatare nell'illustrazione di pag. 24.

VIA TERRA

Sebbene il Nilo fosse la via di comunicazione preferita, a volte era necessario spostarsi via terra. Ciò avveniva generalmente a piedi ma per i viaggi nel deserto i passeggeri e i piccoli carichi erano trasportati a dorso di mulo.

Per i ricchi spostarsi via terra era meno scomodo. I nobili viaggiavano su portantine sorrette da schiavi o su lettighe portate dai muli. Alcuni possedevano anche carri e cavalli.

LINK INTERNET

Due siti con tante informazioni sui vari tipi di imbarcazioni e sulle spedizioni marittime degli Egizi.
Per i link a questi siti vai a:
www.usborne-quicklinks.com/it

Il Nilo era molto trafficato e percorso da vari tipi di imbarcazioni.

Grande chiatta che trasporta un obelisco. Le chiatte erano troppo pesanti per essere manovrate a remi e dovevano essere trainate da tante barche piccole.

I pescatori usavano barchette di legno.

I vincitori della gara esultano.

Barca di canne

Nobile portato in lettiga da servi nubiani

MEDICINA E MAGIA

I medici egiziani erano rispettati in tutto il Medio Oriente ed erano persino convocati all'estero per curare principi stranieri. La medicina egiziana era strettamente legata alla religione e dove non arrivava la scienza, si ricorreva alla magia.

Questo papiro, oggi noto come "Papiro medico di Londra", contiene rimedi e formule per la cura di varie malattie.

I MEDICI

Le conoscenze venivano tramandate probabilmente di padre in figlio ma esistevano forse anche scuole di medicina. Una volta finito il tirocinio e ottenuto il riconoscimento ufficiale, i medici ricevevano uno stipendio dal governo.

I medici esercitavano per lo più nella comunità. Altri lavoravano nei templi o come chirurghi militari e specialisti. I migliori diventavano medici di corte.

LE CONOSCENZE

I medici avevano una conoscenza del corpo umano abbastanza approfondita. Sapevano che il cuore agisce come una pompa per la circolazione del sangue e avevano qualche nozione sul sistema nervoso. Erano anche in grado di riparare fratture ossee. Tuttavia, erano convinti che l'acqua, l'aria e i nervi passassero attraverso il cuore e che il cuore fosse la sede dell'intelletto, mentre il cervello era considerato un organo inutile.

TENTATIVI

I medici trovavano le medicine e le cure per tentativi. Conoscevano l'importanza di una buona dieta alimentare e credevano che una quantità eccessiva di cibo causasse malattie. Riconoscevano che il riposo e l'igiene potevano prevenire le malattie e aiutare nella guarigione.

Questo osso ha una frattura guarita malamente. Poiché non veniva usato il gesso, le ossa non si saldavano perfettamente.

LINK INTERNET

Su questi siti troverai informazioni interessanti sulle conoscenze degli Egizi nel campo della medicina. Per i link a questi siti vai a:
www.usborne-quicklinks.com/it

LIBRI E POZIONI

I medici consultavano dei testi per la diagnosi e la cura delle malattie. Vi erano inoltre libri di anatomia, odontoiatria, chirurgia, veterinaria e delle malattie dell'apparato femminile.

Durante la visita, i medici seguivano una rigorosa procedura. Per stabilire quali fossero i sintomi interrogavano il paziente, lo visitavano, lo auscultavano e lo annusavano prendendo nota di tutto. Infine annotavano la cura e i risultati per i casi futuri.

La pianta del ricino, qui sopra, era usata spesso nelle medicine. Molti altri ingredienti rimangono sconosciuti perché i loro geroglifici non sono stati decifrati.

Il miele e l'aglio, insieme all'olio di ricino, erano utilizzati per molti medicamenti. Il miele era anche usato per pulire le ferite.

Le medicine erano ricavate da piante, minerali e talvolta organi animali. Venivano bevute mescolate con acqua, birra, vino o latte oppure mischiate con olio e spalmate sulla pelle.

LA RELIGIONE

Gli Egiziani credevano che le malattie fossero causate da spiriti maligni penetrati nel corpo, per cui durante la somministrazione della cura si recitavano preghiere agli dei. Se i rimedi non si rivelavano efficaci, i medici ricorrevano alla religione e alla magia. Infatti, i medici rientravano in tre gruppi: chirurghi-guaritori, sacerdoti-medici e maghi.

DEI E MAGHI

Gli dei Thot, Sekhmet, Iside e Imhotep erano associati alla guarigione e i loro templi erano meta di persone in cerca di una cura. A volte era concesso passare la notte in una stanza annessa al tempio: gli dei potevano apparire in sogno con la rivelazione della cura. Come ultima spiaggia, si ricorreva a un mago che recitava formule e usava bacchette di avorio per tracciare cerchi magici di protezione intorno all'ammalato.

Questa bacchetta in avorio aveva il potere di proteggere durante il parto.

Bottiglia di oppio. L'oppio era usato come anestetico per il dolore.

I COSMETICI

Gli Egiziani tenevano molto all'igiene personale e curavano il loro aspetto fin nei minimi particolari. Uomini e donne usavano profumi e cosmetici che tenevano in boccette raffinate.

IL TRUCCO

I cosmetici erano fatti di minerali polverizzati mescolati a oli. Gli Egiziani amavano truccarsi gli occhi con il kohl, un cosmetico verde o grigio ricavato dalla malachite (minerale a base di rame). Il kohl metteva in risalto lo sguardo e inoltre proteggeva dal riverbero abbagliante del sole. Il rossetto e il fard erano ottenuti dall'ocra rossa (varietà di argilla).

L'henné rosso bruno ricavato dalle foglie della stessa pianta veniva usato per dipingere unghie e forse anche mani e piedi.

Le sculture sulle bare, come quella sopra, mostrano come si truccavano le donne.

Gli specchi erano di metallo lucidato, come questo in bronzo.

I ricchi tenevano il necessario per la toeletta in scatole come questa.

Questo pesce di vetro era probabilmente usato come contenitore per il profumo.

I PROFUMI

Nel clima caldo la pulizia personale era importante. Gli Egiziani si lavavano nel fiume o con una brocca d'acqua e catino a casa. Il sapone era sostituito da una crema fatta di oli, limetta e profumo. Gli oli profumati servivano inoltre a impedire che la pelle si seccasse eccessivamente a causa del sole cocente.

I profumi, ottenuti da fiori, semi e frutti mescolati a oli e grassi animali, appaiono nelle pitture murali sotto forma di coni che gli invitati alle feste portavano sul capo (vedi pag. 89).

LINK INTERNET

Vuoi scoprire il culto della bellezza degli Egizi e i loro cosmetici? Per i link a questi siti vai a: **www.usborne-quicklinks.com/it**

Il fiore di loto era usato per i profumi e come ornamento nelle acconciature femminili.

APPENDICE

CRONOLOGIA

La cronologia riportata qui di seguito raggruppa gli avvenimenti salienti nella storia dell'antico Egitto. Le voci affiancate dai quadratini si riferiscono a fatti importanti successi nel mondo nello stesso periodo. Accanto alle date, l'abbreviazione "ca." sta per "circa" e indica che non sappiamo con precisione quando si verificarono quegli eventi.

5500 a.C. ca. Primi insediamenti sulle sponde del Nilo in Egitto.

■ **5000 a.C. ca.** Prime forme di agricoltura in Cina e America Centrale.

■ **4000 a.C. ca.** La civiltà Uruk si sviluppa a Sumer, in Mesopotamia.

■ **4000 a.C. ca.** Comunità agricole nella Valle dell'Indo in India.

■ **3500 a.C. ca.** I Sumeri inventano la scrittura, la ruota e imparano a lavorare il bronzo.

PERIODO PREDINASTICO 3500-3100 A.C. CA.

Prime forme di agricoltura e d'irrigazione. Formazione di due regni: Alto Egitto a sud e Basso Egitto a Nord.

Riproduzione di geroglifici dalla parete di un tempio

3300-3100 a.C. ca. Gli Egiziani impiegano i geroglifici (scrittura ideografica).

3100 a.C. ca. Il re Menes unifica l'Alto e il Basso Egitto.

PERIODO PROTODINASTICO 3100-2649 A.C. CA.

■ **3000-2000 a.C. ca.** Città-stato indipendenti si sviluppano a Sumer, Accad e a Canaan. Età arcaica del bronzo a Canaan.

■ **3000-1100 a.C. ca.** Età del bronzo in Grecia.

■ **3000 a.C. ca.** Uso del tornio in Ecuador.

■ **2900-2400 a.C. ca.** Si sviluppano le prime dinastie sumeriche.

ANTICO REGNO 2649-2150 A.C. CA.

In questo periodo si edificano le prime piramidi in Egitto.

2590 a.C. ca. Costruzione della Grande Piramide di Giza di Cheope.

■ **2500 a.C. ca.** Civiltà Longshan in Cina.

■ **2500-1800 a.C. ca.** Civiltà della Valle dell'Indo. Sviluppo di vaste città con grandi edifici, rete fognaria e una forma di scrittura.

■ **2500-1500 a.C. ca.** Costruzione di Stonehenge in Inghilterra.

■ **2371 a.C. ca.** Sargon di Accad conquista la città di Kish, ne diventa re e crea un impero in Mesopotamia.

■ **2350-2150 a.C. ca.** Impero di Accad in Mesopotamia.

■ **2205-1766 a.C. ca.** Leggendaria Dinastia Xia in Cina.

2150-2040 a.C. ca. Primo Periodo Intermedio in Egitto.

■ **2100-2000 a.C. ca.** La III dinastia di Ur domina Sumer e Accad.

Pittura murale dal palazzo di Cnosso a Creta

MEDIO REGNO 2040-1640 A.C. CA.

■ **2000 a.C. ca.** Gli Amorriti conquistano la Mesopotamia e l'Assiria e fondano città-stato indipendenti in Canaan. Gli Indoeuropei si insediano in Medio Oriente.

■ **2000 a.C. ca.** Civiltà fiorente a Creta.

■ **2000-1500 a.C. ca.** Età media del bronzo in Canaan.

■ **2000-1450 a.C. ca.** Antico impero assiro.

■ **2000-1000 a.C. ca.** La casta aristocratica degli Hurriti in Canaan domina su Amorriti e Cananei.

■ **2000-1000 a.C. ca.** Inizio della civiltà Maya in America Centrale.

■ **2000 a.C. ca.** Forme di agricoltura, lavorazione dei metalli e ceramica in Perù.

■ **2000 a.C. ca.** Cavalli e veicoli a ruote introdotti in Europa orientale.

■ **1900 a.C. ca.** Costruzione di palazzi a Creta.

■ **1813-1781 a.C. ca.** Regno di Shamshiadad in Assiria che crea un impero da Mari a Babilonia.

■ **1792-1750 a.C. ca.** Regno di Hammurabi di Babilonia.

■ **1766-1027 a.C. ca.** Dinastia Shang in Cina. Stato feudale con città fortificate e templi governate da sacerdoti-re.

■ **1740 a.C. ca.** Gli Ittiti creano un unico stato.

■ **1700 a.C. ca.** I palazzi di Creta sono distrutti dal terremoto e poi ricostruiti.

Ricostruzione della città fortificata di Micene in Grecia

1674-1720 a.C. ca. Il Delta del Nilo viene invaso dagli Hyksos, popolo del Medio Oriente.

1640-1552 a.C. ca. Secondo Periodo Intermedio. L'Egitto governa su Kush (Sudan).

■ **1600 a.C. ca.** Ascesa della civiltà micenea in Grecia.

NUOVO REGNO 1552-1069 A.C. CA.

Il periodo di massimo splendore dell'impero egiziano. Costruzione delle tombe nella Valle dei Re.

■ **1500 a.C. ca.** Gli Ari, di origine indoeupea, arrivano in India.

■ **1500 a.C. ca.** I Mitanni si uniscono e governano gli stati hurriti.

■ **1595 a.C. ca.** Gli Ittiti saccheggiano Babilonia e distruggono il regno amorrita.

■ **1570-1158 a.C. ca.** Dinastia cassita sale al potere in Babilonia.

■ **1550-1150 a.C. ca.** Età tarda del bronzo in Canaan.

■ **1500 a.C. ca.** Gli Ari o Ariani si stabiliscono in Persia, l'odierno Iran.

■ **1500 a.C. ca.** In Cina si sviluppa la scrittura.

■ **1500 a.C. ca.** L'agricoltura arriva nel sudest del Nordamerica.

■ **1500 a.C. ca.** Declino della civiltà dell'Indo in India.

■ **1500-600 a.C. ca.** Periodo Vedico in India: la religione induista si impone progressivamente.

■ **1500 a.C.-200 d.C. ca.** Ascesa degli Olmechi in Messico, con scrittura ideografica, calendari e costruzione di grandi templi e sculture in pietra.

1490-1468 a.C. Regno di Hatshepsut, regina-faraone d'Egitto.

1490-1436 a.C. Regno di Thutmosi III in Egitto: il più grande dei faraoni guerrieri.

■ **1450 a.C. ca.** Eruzione vulcanica a Thera. Fine della civiltà minoica. I Micenei conquistano Creta e ne distruggono i palazzi.

■ **1450-1390 a.C. ca.** I Mitanni conquistano l'Assiria e costruiscono un impero dalle montagne di Zagros al Mar Mediterraneo.

■ **1450-1200 a.C. ca.** Nuovo impero ittita.

■ **1440 a.C.** Trattato di pace tra Mitanni e Egitto.

■ **1380 a.C.** Il re ittita Suppiluliuma sottomette i Mitanni e conquista la Siria, parte dell'impero egiziano

1364-1347 a.C. Il re Akhenaton (Amenofi IV) introduce riforme religiose in Egitto.

Nefertiti, sposa di Akhenaton

■ **1363-1000 a.C. ca.** Medio impero assiro.

1347-1337 a.C. Regno di Tutankhamon.

■ **1300 a.C. ca.** Sviluppo in Europa della cultura dei "campi di urne" (età del bronzo).

1289-1224 a.C. Regno del grande re guerriero Ramesse II.

1284 a.C. Battaglia di Qadesh; Ramesse II si scontra con gli Ittiti.

■ **1250 a.C. ca.** Guerre di Troia tra Troia (in Turchia) e i Micenei e distruzione di Troia.

■ **1250 a.C. ca.** Primi Ebrei in Canaan.

■ **1200-300 a.C. ca.** Civiltà dei Chavin in Sudamerica: costruzione di templi e manufatti in oro.

■ **1200 a.C. ca.** Declino della civiltà micenea in Grecia.

■ **1200 a.C. ca.** Avanzata dei Popoli del Mare provenienti dalla Grecia e dalle isole del Mediterraneo.

Battaglia navale tra i Popoli del Mare e gli Egiziani (basato su un rilievo di Luxor)

1200-1194 a.C. Regno di Sety II.

- **1196-1195 a.C.** I Popoli del Mare distruggono l'impero ittita. Gruppi di Ittiti fondano piccoli stati neo-ittiti.

1184-1153 a.C. Regno di Ramesse III, l'ultimo grande re guerriero. Sconfitta dei Popoli del Mare.

1150 a.C. ca. I Filistei, uno dei Popoli del Mare, si stabiliscono in Canaan, l'odierna Palestina.

- **1158 a.C. ca.** I Cassiti vengono cacciati da Babilonia. Dopo un periodo di instabilità i Babilonesi riprendono il potere.
- **1100 a.C. ca.** I Fenici si stabiliscono in Canaan. Fondano colonie sulle coste meridionali e occidentali del Mediterraneo e le città di Biblo, Sidone, Beirut e Tiro.

1085 a.C. ca. La Nubia e Kush si liberano del dominio egiziano.

1069-664 a.C. Terzo Periodo Intermedio in Egitto.

- **1027-221 a.C.** La dinastia Chou rovescia i Shang in Cina. Periodo di sviluppo commerciale ma anche di instabilità e guerre.
- **1020-1010 a.C. ca.** Regno di Saul, primo re d'Israele.
- **1000-612 a.C. ca.** Nuovo impero assiro: massimo periodo di conquiste ed espansione.
- **1000-300 a.C. ca.** Gli Adena costruiscono tumuli di terra in Nordamerica.
- **1000 a.C. ca.** I Latini si insediano sul Colle Palatino a Roma.
- **970-930 a.C. ca.** Regno di Salomone, re d'Israele: periodo di massimo potere.
- **911 a.C. ca.** Inizio del Nuovo impero assiro.
- **900 a.C. ca.** Viene composto il *Rigveda* in India.
- **814 a.C. ca.** I Fenici fondano la città di Cartagine in Nordafrica.
- **800 a.C. ca.** L'induismo si diffonde nel sud dell'India.

Shiva, il principio di morte, è uno degli dei dell'induismo

- **800 a.C. ca.** La civiltà celtica si diffonde nell'Europa occidentale.
- **800-500 a.C. ca.** Periodo Arcaico in Grecia. Alfabeto e Olimpiadi. Omero compone l'*Iliade* e l'*Odissea* (sulla guerra di Troia).
- **800-400 a.C. ca.** La civiltà degli Etruschi fiorisce nell'Italia centrale e settentrionale.
- **753 a.C. ca.** Data convenzionale della fondazione di Roma.

728 a.C. L'Egitto è conquistato dal re nubiano Piankhy.

- **726-722 a.C.** Shalmaneser V di Assiria conquista il regno di Israele.
- **722-481 a.C. ca.** Primavera e Autunno cinesi: piccoli stati combattono per la supremazia.
- **721-705 a.C.** Regno di Sargon II in Assiria.
- **700 a.C. ca.** Dinastia achemenide in Persia.
- **670 a.C. ca.** Regno dei Medi (vicino alla Persia).

EPOCA TARDA 664-525 A.C.

664-525 a.C. L'Egitto ottiene l'indipendenza sotto la dinastia saitica.

- **668-627 a.C.** Regno di Assurbanipal II in Assiria. Saccheggio di Tebe (in Egitto), Babilonia e Susa (Persia).
- **650 a.C. ca.** Prime monete introdotte in Lidia.
- **626-539 a.C.** Nuovo impero babilonese.
- **612 a.C.** Ashur e Ninive cadono in mano ai Medi e ai Babilonesi.
- **605-562 a.C.** Regno di Nabucodonosor II in Babilonia.

600-500 a.C. ca. I Nubiani abbandonano la capitale Napata e si insediano a sud a Meroe.

- **600 a.C. ca.** Il profeta Lao-tzu introduce il taoismo in Cina.
- **597 a.C.** Il re babilonese Nabucodonosor II conquista Gerusalemme e deporta molti membri della classe dirigente a Babilonia. Alla rivolta del **587-568 a.C.** risponde con il sacco di Gerusalemme e altre deportazioni.
- **560-483 a.C. ca.** Vita di Siddhartha Gautama (il Buddha).
- **551-479 a.C.** Vita del filosofo e profeta cinese Kong Fuzi (Confucio).
- **550 a.C. ca.** Ciro II di Persia unifica la Media e la Persia. Conquista inoltre la Lidia e l'impero babilonese.

Il profeta e filosofo cinese Confucio

PERIODO PERSIANO
525-331 A.C.

525 a.C. Cambise II di Persia conquista l'Egitto.

Guerriero persiano, chiamato "l'Immortale" (palazzo di Susa)

- **510 a.C. ca.** Roma diviene una repubblica.
- **500-336 a.C. ca.** Periodo Classico in Grecia: l'età d'oro della civiltà greca.
- **490-449 a.C.** Guerre tra Grecia e Persia.
- **481-221 a.C. ca.** Periodo di guerre in Cina: sette stati lottano per il potere.
- **465 a.C. ca.** Declino della Persia.
- **447-438 a.C.** Costruzione del tempio del Partenone ad Atene.

404-343 a.C. Gli Egiziani sconfiggono i Persiani.

343-331 a.C. I Persiani riannettono l'Egitto.

PERIODO GRECO
332-323 A.C.

332 a.C. Alessandro Magno, re di Macedonia, conquista l'impero persiano e viene riconosciuto faraone dagli Egiziani.

323 a.C. Alessandria diventa capitale dell'Egitto. Morte di Alessandro Magno.

323 a.C. Il generale Tolomeo assume il controllo dell'Egitto.

323-281 a.C. Guerre dei diadochi (generali di Alessandro).

301-64 a.C. La dinastia tolemaica al potere in Egitto.

- **300 a.C. ca.** Prime città in pietra dei Maya in America Centrale.

300-200 a.C. ca. Sviluppo della scrittura alfabetica a Meroe.

Il faro, alto 100 metri, serviva da segnale alle navi dirette verso il porto.

Il faro di Alessandria d'Egitto, costruito dai Tolomei, era una delle "sette meraviglie del mondo antico".

- **280-268 a.C.** La dinastia antigonide al potere in Macedonia.
- **272-231 a.C. ca.** Asoka, della dinastia Maurya, unifica gran parte dell'India.
- **264 a.C.** Il dominio romano si estende al resto dell'Italia.
- **264-241 a.C.** Prima Guerra Punica tra Roma e Cartagine.
- **221 a.C.** Il primo imperatore Ch'in, Shih Huang-ti unifica la Cina.
- **218-202 a.C.** Seconda Guerra Punica.
- **214 a.C.** Costruzione della Grande Muraglia cinese come barriera contro gli Unni.
- **206 a.C-222 d.C.** La dinastia Han al potere in Cina.
- **200 a.C. ca.** I Nazca tracciano figure gigantesche nel deserto peruviano.
- **149-146 a.C.** Terza Guerra Punica e distruzione di Cartagine.
- **133-31 a.C.** I Romani conquistano il Mediterraneo.
- **100 a.C. ca.** Invenzione della carta in Cina.
- **100 a.C. ca.** Costruzione della città con piramidi di Teotihuacán in Messico.
- **58-51 a.C.** Giulio Cesare conquista la Gallia (Francia).
- **55-54 a.C.** Cesare invade la Gran Bretagna.

Moneta con effigie di Cesare

51-30 a.C. Regno di Cleopatra VII d'Egitto.

31 a.C. Cleopatra e Marco Antonio sono sconfitti da Ottaviano (il futuro imperatore Augusto) nella battaglia di Azio in Grecia e alla resa preferiscono il suicidio.

30 a.C. L'Egitto diviene una provincia dell'impero romano.

RE E DINASTIE

Qui sotto sono riportati i nomi dei re, e di alcune regine, e le date approssimative delle dinastie che regnarono in Egitto fino alla conquista romana nel 30 a.C.

Le date dei regni possono confondere: talvolta, infatti, specialmente durante i Periodi Intermedi, vari faraoni controllavano regioni diverse dell'Egitto. Alcuni re hanno due nomi (quello dato loro dai Greci è indicato tra parentesi). I nomi accompagnati da * si riferiscono a re saliti al trono quando il loro predecessore era ancora in vita. Quelli seguiti da ** sono nomi di regine con il ruolo di faraoni.

Le date sono tratte dalle liste di sovrani compilate dagli stessi Egizi. Alcune date possono variare in altri libri. Gli esperti, infatti, non sempre concordano e adottano sistemi diversi di datazione.

PERIODO ARCAICO (3100-2649 A.C. CA.)

Le date su questo primo periodo della storia egiziana scarseggiano.

Rilievo raffigurante il re dell'Antico Egitto che sconfigge il re del Basso Egitto.

I dinastia

Sette o otto re, cominciando da:

Menes 3100 a.C. ca.

Narmer, Hor-Ha

II dinastia

Otto o nove re, tra cui:

Hetepsekhemwy, Reneb

Peribsen e Khasekhemuy

ANTICO REGNO (2649-2150 A.C. CA.)

III dinastia

Sanakht	2649-2630 a.C. ca.
Djoser	2630-2611 a.C. ca.
Sekhemkhet	2611-2603 a.C. ca.
Khaba	2603-2599 a.C. ca.
Huni	2599-2575 a.C. ca.

Pittura tombale di Meidum dell'Antico Regno

IV dinastia

Snefru	2575-2551 a.C. ca.
Cheope	2551-2528 a.C. ca.
Didufri	2528-2520 a.C. ca.
Chefren	2520-2494 a.C. ca.
Micerino	2490-2472 a.C. ca.
Shepseskaf	2472-2467 a.C. ca.

V dinastia

Userkaf	2465-2323 a.C. ca.
Sahura	2458-2446 a.C. ca.
Neferirkare	2446-2426 a.C. ca.
Shepseskare	2426-2419 a.C. ca.
Raneferef	2419-2416 a.C. ca.
Neuserre	2416-2392 a.C. ca.
Menkauhor	2396-2388 a.C. ca.
Djedkare	2388-2356 a.C. ca.
Unas	2356-2323 a.C. ca.

VI dinastia

Teti	2323-2291 a.C. ca.
Pepi I	2289-2255 a.C. ca.
Merenre	2255-2246 a.C. ca.
Pepi II	2246-2152 a.C. ca.
Nitocris**	2152-2150 a.C. ca.

PRIMO PERIODO INTERMEDIO (2150-2040 A.C. CA.)

VII e VIII dinastia (2150-2134 a.C. ca.)

Dinastie di brevi regni.

IX e X dinastia (2134-2040 a.C. ca.)

Re che governarono dalla città di Eracleopoli.

Staua di Pepi I in grembo alla madre Meryra-ankh-nes

MEDIO REGNO (2040-1640 A.C. CA.)

Una stirpe di re governò da Tebe contemporaneamente ai re di Eracleopoli. Questa famiglia in seguito divenne l'XI dinastia, al potere in Egitto durante il Medio Regno.

XI dinastia

Mentuhotep II	2040-2010 a.C. ca.
Mentuhotep III	2010-1998 a.C. ca.
Mentuhotep III	1998-1991 a.C. ca.

XII dinastia

Amenemhat I	1991-1962 a.C. ca.
Sesostri I*	1971-1926 a.C. ca.
Amenemhat II*	1929-1892 a.C. ca.
Sesostri II*	1897-1878 a.C. ca.
Sesostri III*	1878-1841 a.C. ca.
Amenemhat III*	1844-1797 a.C. ca.
Amenemhat IV*	1799-1787 a.C. ca.
Sobek-neferu**	1787-1783 a.C. ca.

XIII dinastia (1783-1640 a.C. ca.)

La XIII dinastia comprende 70 re, per lo più con brevi regni.

XIV dinastia

La XIV dinastia è formata dai principi del Delta occidentale che regnarono contemporaneamente alla XIII dinastia.

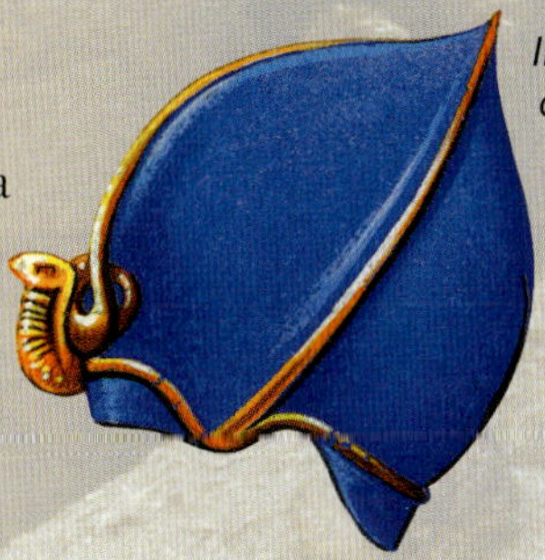

Il khepresh, la corona blu del faraone

SECONDO PERIODO INTERMEDIO (1640-1552 A.C. CA.)

XV dinastia

Dinastia di re hyksos tra cui **Apophis (1585-1542 a.C. ca.)**

XVI dinastia

Dinastia contemporanea alla XV

XVII dinastia (1640-1552 a.C. ca.)

Questa dinastia comprende quindici re tebani, tra cui: **Tao I, Tao II** e **Kamose (1555-1552 a.C. ca.)**

NUOVO REGNO (1552-1069 A.C.)

Statua della regina Hatshepsut con barba

XVIII dinastia

Amosi	1552-1527 a.C. ca.
Amenofi I	1527-1506 a.C. ca.
Thutmosi I	1506-1494 a.C. ca.
Thutmosi II	1494-1490 a.C. ca.
Hatshepsut**	1490-1468 a.C. ca.
Thutmosi III	1490-1436 a.C. ca.
Amenofi II	1438-1412 a.C. ca.
Thutmosi IV	1412-1402 a.C. ca.
Amenofi III	1402-1364 a.C. ca.
Akhenaton (Amenofi IV)	1364-1347 a.C. ca.
Smenkhkara*	1351-1348 a.C. ca.
Tutankhamon	1347-1337 a.C. ca.
Ay	1337-1333 a.C. ca.
Horemheb	1333-1305 a.C. ca.

Horemheb

XIX dinastia

Ramesse I	1305-1303 a.C. ca.
Sety I	1303-1289 a.C. ca.
Ramesse II	1289-1224 a.C. ca.
Merenptah	1224-1204 a.C. ca.
Amenmesse	1204-1200 a.C. ca.
Sety II	1200-1194 a.C. ca.
Siptah	1194-1188 a.C. ca.
Tawosret*	1194-1186 a.C. ca.

XX dinastia

Sethnakht	1186-1184 a.C. ca.
Ramesse III	1184-1153 a.C. ca.
Ramesse IV	1153-1146 a.C. ca.
Ramesse V	1146-1142 a.C. ca.
Ramesse VI	1142-1135 a.C. ca.
Ramesse VII	1135-1129 a.C. ca.
Ramesse VIII	1129-1127 a.C. ca.
Ramesse IX	1127-1109 a.C. ca.
Ramesse X	1109-1099 a.C. ca.
Ramesse XI	1099-1069 a.C. ca.

Alla fine della XX dinastia l'Egitto fu diviso e il potere andò in mano a **Heri-Hor**, il primo di una discendenza di sacerdoti che governarono da Tebe.

TERZO PERIODO INTERMEDIO (1069-664 A.C.)

XXI dinastia

Discendenza di re che regnarono da Tanis.

Smendes	1069-1043 a.C. ca.
Amenemnisu	1043-1039 a.C. ca.
Psusennes I	1039-991 a.C. ca.
Amenemope	993-984 a.C. ca.
Osochor	984-978 a.C. ca.
Siamun	978-959 a.C. ca.
Psusennes II	959-945 a.C. ca.

XXII dinastia

Discendenza di re libici che riunificarono il paese.

Shoshenq I	945-924 a.C. ca.
Osorkon I	924-889 a.C. ca.
Shoshenq II	890 a.C. ca.
Takeloth I	890-874 a.C. ca.
Osorkon II	874-850 a.C. ca.
Takeloth II	850-825 a.C. ca.
Shoshenq III	825-773 a.C. ca.
Pimay	773-767 a.C. ca.
Shoshenq V	767-730 a.C. ca.
Osorkon IV	730-715 a.C. ca.

XXIII e XXIV dinastia

Due dinastie al potere comtemporaneamente agli ultimi re della XXII dinastia. Tra i re:

Tefnakhte I	727-720 a.C. ca.
Bakenranef	720-715 a.C. ca.

XXV dinastia

Re nubiani

Piankhy	728-716 a.C. ca.
Shabako	716-702 a.C. ca.
Shebitku	702-690 a.C. ca.
Taharqo	690-664 a.C. ca.
Tanut-Amon	664-663 a.C. ca.

EPOCA TARDA (664-525 A.C.)

XXVI dinastia

Dinastia di re saitici

Psammetico I	664-610 a.C. ca.
Nekas II	610-595 a.C. ca.
Psammetico II	595-589 a.C. ca.
Aprie	589-570 a.C. ca.
Amasi	570-526 a.C. ca.
Psammetico III	526-525 a.C. ca.

PERIODO PERSIANO (525-332 A.C.)

XXVII dinastia (525-404 a.C.)

Re persiani, tra cui: **Cambise (525-521 a.C.)**, **Dario I (521-485 a.C.)** e **Serse (485-464 a.C.)**

XXVIII dinastia

Amyrteus	404-399 a.C. ca.

XXIX dinastia

Neferite I	399-393 a.C. ca.
Achoris	393-380 a.C. ca.
Psammuthis	380-379 a.C. ca.
Neferite II	379 a.C. ca.

XXX dinastia

Nectanebo I	379-361 a.C. ca.
Tachos	361-359 a.C. ca.
Nectanebo II	359-342 a.C. ca.

XXXI dinastia (341-323 a.C.)

Seconda dinastia di re persiani.

RE MACEDONI (332-305 A.C.)

Alessandro Magno	332-323 a.C.
Filippo Arrideo	323-316 a.C.
Alessandro IV	316-305 a.C.

TOLOMEI (305-30 A.C.)

Tolomeo I	305-284 a.C.
Tolomeo II	284-246 a.C.
Tolomeo III	246-221 a.C.
Tolomeo IV	221-205 a.C.
Tolomeo V	205-180 a.C.
Tolomeo VI	160-164 a.C. e 163-145 a.C.
Tolomeo VII	145 a.C.
Tolomeo VIII	170-163 a.C. e 145-116 a.C.
Cleopatra III e Tolomeo IX	116-107 a.C.
Cleopatra III e Tolomeo X	107-88 a.C.
Tolomeo IX	88-81 a.C.
Cleopatra Berenice	81-80 a.C.
Tolomeo XI	80 a.C.
Tolomeo XII	80-58 a.C.
Berenice IV	58-55 a.C.
Tolomeo XII	55-51 a.C.
Cleopatra VII	51-30 a.C.
con Tolomeo XIII	51-47 a.C.
con Tolomeo XIV	47-44 a.C.
con Tolomeo XV	44-30 a.C.

Cleopatra VII

PERSONAGGI ILLUSTRI

In queste cinque pagine viene tracciato un breve profilo di alcuni dei personaggi più importanti nella storia dell'Egitto e delle altre civiltà mediorientali antiche. I nomi in **grassetto** hanno una voce; le date dei regni, se note, compaiono tra parentesi.

AHHOTEP I
Regina d'Egitto (XVII dinastia). Figlia di Tao I e Tetisheri e sorella sposa di **Tao II**; assunse il ruolo di reggente durante il regno del figlio Amosi.

AHMES NEFERTARI
Regina d'Egitto (Dinastia XVIII). **Figlia di Tao II** e **Ahhotep I** e sorella sposa di Amosi. Assunse i ruoli di Sposa Divina e Secondo Profeta di Amon nel tempio di Karnak e fu reggente del quarto figlio Amenofi I. Insieme crearono la comunità di operai che si stabilì nel villaggio di Deir el-Medina (vedi pag. 74).

AMOSI (1552-1527 A.C. CA.)
Re d'Egitto, primo sovrano della XVIII dinastia e del Nuovo Regno. Figlio di **Tao II** e **Ahhotep I**, salì al trono da bambino sotto la reggenza della madre. Amosi continuò la guerra iniziata da padre e fratello e liberò l'Egitto dalla dominazione degli Hyksos. Dopo aver soppresso ribellioni interne, cominciò la riconquista della Nubia.

AHMOSE DI EL KAB
(XVII/XVIII dinastia) Soldato egiziano dell'esercito di re **Amosi**. Partecipò alle campagne per cacciare gli Hyksos dall'Egitto e vinse l'"Oro del valore", il maggiore riconoscimento al coraggio in battaglia. La biografia sulle pareti della sua tomba è un'importante fonte d'informazione sulle guerre degli Egiziani contro gli Hyksos.

Alessandro Magno

AKHENATON/AMENOFI IV (1364-1347 A.C. CA.)
Re d'Egitto (XVIII dinastia). Figura controversa, abbandonò il culto degli dei tradizionali per introdurre quello di un solo dio, il disco solare Aton. Cambiò il proprio nome diventando Akhenaton e costruì una nuova capitale, Akhetaton. Alla sua morte si tornò alle antiche divinità e la capitale fu abbandonata. I monumenti di Akhenaton furono distrutti e il faraone fu condannato come eretico.

ALESSANDRO MAGNO (332-323 A.C.)
Re di Macedonia e generale che creò un vasto impero. Dopo aver assunto il controllo della Grecia marciò sull'Asia Minore e conquistò l'intero impero persiano (incluso l'Egitto). Fondò molte città, di cui la più famosa è Alessandria d'Egitto, che divenne la nuova capitale. Alessandro sposò una principessa persiana di nome Rossane e morì a Babilonia all'età di 32 anni. I suoi eredi al trono furono assassinati e l'impero venne diviso tra i suoi generali. Uno di essi, **Tolomeo**, divenne re d'Egitto e diede inizio alla dinastia tolemaica.

AMENEMHAT I (1991-1962 A.C. CA.)
Primo re della XII dinastia. Fece incoronare il figlio Sesostri I quando era ancora in vita per assicurarne la successione. Amenemhat fu assassinato ma Sesostri rimase al potere.

AMENIRDIS II
Principessa nubiana e Sposa Divina. Figlia del re **Taharqo** (XXV dinastia). Venne forzata a nominare **Nitocris**, figlia di Psammetico I (primo re della XXVI dinastia), a succederle nel ruolo.

AMENOFI III (1402-1364 A.C. CA.)
Figlio di Thutmosi IV e re d'Egitto (XVIII dinastia) in un periodo di pace e stabilità. Edificò i colossi di Memnone. Lo stile artistico di Amarna, che cominciò ad apparire verso la fine del suo regno, fa pensare che possa avere governato insieme al figlio **Akhenaton**. Le idee religiose di Akhenaton potrebbero essere germinate durante il regno del padre.

AMENOFI IV, vedi **Akhenaton**

AMENOFI, FIGLIO DI HAPU
Scriba reale egiziano durante il regno di Amenofi III. Occupò posizioni prestigiose nel Paese; nei templi di Amon e Mut a Karnak furono erette statue che lo rappresentavano. Nell'Epoca Tarda fu venerato come un dio a Tebe.

ANKHESENAMUN
Regina d'Egitto (XVIII dinastia) e sorella sposa di **Tutankhamon**. Alla morte del re scrisse a **Suppiluliuma**, re degli Ittiti, offrendo di sposare uno dei suoi figli e di renderlo faraone. Il piano venne scoperto e il principe ittita fu assassinato. La regina sposò Ay, un anziano della corte, che divenne re.

ANTONIO, MARCO
Soldato romano e politico. Amante di Cleopatra VII, governò l'Egitto insieme a lei dopo la morte di **Cesare**. Una disputa con l'erede di Cesare, Ottaviano, portò alla battaglia di Azio. Antonio e Cleopatra furono sconfitti e si tolsero la vita.

APOPHIS (1585-1542 A.C. CA.)
Uno dei più grandi re Hyksos d'Egitto (XV dinastia). Lo scoppio di una guerra con il re di Tebe **Tao II** portò alla cacciata degli Hyksos e all'inizio del Nuovo Regno.

BAY
Avventuriero di origine siriana che divenne una figura importante in Egitto alla fine della XIX dinastia. Tentò di impossessarsi del trono alla morte della regina **Tawosret**.

BINT-ANATH
Regina d'Egitto (XIX dinastia), figlia e sposa di **Ramesse II**. La sua tomba è nella Valle delle Regine a Tebe, sulla riva ovest.

CAMBISE (525-521 A.C. CA.)
Re persiano, figlio di **Ciro II**, conquistò l'Egitto nel 525 a.C. Aveva fama di uomo crudele e lo storico greco **Erodoto** lo definì pazzo. Secondo una leggenda si introdusse nella tomba di un faraone e ne bruciò la mummia. Offese gli Egizi violando i templi e ferendo il toro Apis.

CESARE, GIULIO
Politico, scrittore e generale romano che fu nominato dittatore a vita. Intervenne in una disputa tra la sua amante **Cleopatra VII** e il fratello di lei e assicurò il trono alla regina. Fu assassinato il 15 marzo del 44 a.C.

CHEFREN (2520-2494 A.C. CA.)
Re d'Egitto (IV dinastia). Figlio di **Cheope,** successe al fratello Didufri. Padre e figlio erano odiati dai sacerdoti, i quali raccontarono ad **Erodoto** che "durante il regno di questi due faraoni gli Egiziani soffrirono innumerevoli disgrazie e i templi venivano chiusi e mai aperti". La sua piramide è la seconda delle tre piramidi di Giza e ha il complesso funerario meglio conservato.

CHEOPE (2551-2528 A.C. CA.)
Re d'Egitto (IV dinastia). Figlio di **Snefru** e **Hetepheres I**. La sua piramide, la Grande Piramide di Giza, è la più grande mai costruita e la più antica delle "sette meraviglie del mondo antico". Le cave di diorite a Toshka, in Nubia, risalgono al suo regno come pure la città fortificata di Buhen, centro di scambi commerciali.

CIRO II (559-529 A.C.)
Re persiano fondatore della dinastia achemenide. Nel 550 a.C. sconfisse il nonno Astiage della Media, sottomettendo Persia e Media. Conquistò inoltre la Lidia e l'impero babilonese.

Dario

CLEOPATRA VII (51-30 A.C.)
Regina d'Egitto (Periodo Tolemaico), sorella sposa di Tolomeo XIII e Tolomeo XIV e amante di **Giulio Cesare**. Sposò **Marco Antonio**, insieme al quale fu sconfitta nella battaglia di Azio nel 31 a.C. dal successore di Cesare, Ottaviano. Nel 30 a.C. Cleopatra si tolse la vita e l'Egitto venne assorbito dall'impero romano.

DARIO I "IL GRANDE" (521-485 A.C.)
Re persiano che portò l'impero alla sua massima espansione. Introdusse un codice efficiente di leggi e divise l'impero in province, ciascuna amministrata da un satrapo (governatore).

DJOSER (2630-2611 A.C. CA.)
Re d'Egitto (III dinastia). La prima piramide, quella a gradoni di Saqqara, fu progettata per lui dall'architetto **Imhotep**.

ERODOTO (450 A.C. CA.)
Storico greco, spesso definito il "padre della storia". Scrisse la storia delle guerre dei Greci contro i Persiani. Fu uno dei primi scrittori a confrontare eventi storici e a metterli in relazione tra loro.

ESARHADDON (680-667 A.C.)
Re assiro. Ricostruì la città di Babilonia, distrutta dal padre **Sennacherib**. Fu a capo di un vasto impero ma il governo assiro era mal tollerato dai sudditi. Nel 671 a.C. invase il Delta del Nilo e impose governatori assiri in Egitto.

HATSHEPSUT (1490-1468 A.C.)
Regina d'Egitto (XVIII dinastia). Figlia di Thutmosi I e della regina **Ahmose** e sorella moglie di Thutmosi II. Nominata reggente del figlio **Thutmosi III**, assunse il ruolo di "faraone" a tutti gli effetti per oltre 20 anni. Il suo sontuoso tempio funerario si trova a Deir el-Bahari ma Thutmosi fece cancellare le iscrizioni ufficiali lasciando scarse informazioni sul suo regno.

HEKANAKHTE
Sacerdote egiziano (XI dinastia). Le lettere e i documenti ritrovati nella sua tomba forniscono informazioni sull'amministrazione di una grande proprietà e sulle tensioni e gli intrighi di una famiglia ricca.

HERI-HOR
Soldato egiziano (XX dinastia) e membro di una famiglia di funzionari che divenne influente con il declino del potere dei faraoni. Durante il regno di Ramesse XI, Heri-Hor assunse il controllo dell'Alto Egitto, mentre il Basso Egitto era governato dal figlio **Smendes**, sposato con una delle figlie di Ramesse XI. Alla morte di Ramesse, Smendes divenne il primo re della XXI dinastia.

HETEPHERES I
Regina d'Egitto (II dinastia), figlia di Huni, sorella moglie di **Snefru** e madre di **Cheope**. La sua tomba fu saccheggiata e la mummia distrutta; i resti furono trasferiti a Giza. Gli archeologi sono riusciti a ricostruire l'arredo funerario partendo dal rivestimento d'oro che ricopriva mobili e suppellettili.

HOREMHEB (1333-1305 A.C. CA.)
Re d'Egitto (XVIII dinastia). Generale e reggente durante il regno di **Tutankhamon**. Sposò la figlia di Ay, **Mutnodjmet**.

IMHOTEP
Funzionario egiziano (III dinastia). Fu l'architetto della prima piramide, quella a gradoni del re **Djoser** a Saqqara, nonché medico e sommo sacerdote. Si deve probabilmente a Imhotep l'introduzione del calendario. Le generazioni successive lo veneravano e i greci lo identificarono con il dio della medicina Esculapio.

KAMOSE (1555-1552 A.C. CA.)
Re d'Egitto (XVII dinastia: i re tebani). Figlio di **Tao II** e **Ahhotep I**. Combatté contro gli Hyksos ed estese i confini a nord fino al **Fayum**. Morì in battaglia e gli successe il fratello **Amosi**.

KIYA
Una delle mogli di **Akhenaton** e probabilmente la madre di **Tutankhamon**.

MEKET-RE
Alto funzionario durante il regno di Mentuhotep III. La sua tomba sulla riva ovest a Tebe conteneva modellini di tombe, della sua villa con giardino e piscina, di cucine, laboratori, bestiame, granai e imbarcazioni.

MENES O NARMER (3100 A.C. CA.)
Uno dei primi re dell'Alto Egitto, conquistò il Basso Egitto e fu probabilmente il primo re dell'Egitto unificato nella I dinastia. I nomi Menes e Narmer potrebbero riferirsi allo stesso re o a due re diversi.

MENTUHOTEP II (2040-2010 A.C. CA.)
Re di Tebe in Alto Egitto (XI dinastia). Nel 2040 a.C. sconfisse il re del Basso Egitto (X dinastia) e riunificò il Paese sotto il suo dominio, evento che segnò l'inizio del Medio Regno. Edificò un magnifico tempio funerario e una tomba sulla riva ovest del Nilo.

MERENPTAH (1224-1204 A.C. CA.)
Re d'Egitto (XIX dinastia). All'età di cinquant'anni successe al padre **Ramesse II**, il quale visse più a lungo dei suoi primi 13 figli. Grande generale, combattè contro i Popoli del Mare e i Libici. La sua tomba si trova nella Valle dei Re.

MERITATEN
Principessa e regina d'Egitto, figlia di **Akhenaton** e **Nefertiti**. Sposò Smenkhkara, il quale divenne faraone alla morte di Akhenaton ma morì o fu deposto un anno dopo e Meritaten scomparve dalla scena.

MICERINO (2490-2472 A.C. CA.)
Re d'Egitto (IV dinastia). Figlio di **Chefren**. La sua piramide è la più piccola delle tre piramidi di Giza.

MONTU-EM-HET
Funzionario egiziano di importante famiglia tebana (XXV dinastia). Sposò la nipote di uno dei re nubiani e divenne il funzionario più influente a Tebe. Quando gli Assiri invasero l'Egitto nel 665 a.C. fuggì in Nubia con il re Tanut-Amon, per fare ritorno in Egitto quando la XXVI dinastia si insediò al potere.

Meritaten

MUTNODJMET
Regina d'Egitto (XVIII dinastia). Figlia di Ay, cortigiano che divenne faraone. Sposò il generale **Horemheb** che poi divenne re.

MUWATALLI
Re degli Ittiti, che si scontrarono con gli eserciti Egiziani comandati da **Ramesse II** nella battaglia di Qadesh nel 1284 a.C.

NAKHT
Funzionario alla corte di Thutmosi IV. Fu astronomo del re e tracciò delle carte stellari che illustravano l'influsso degli astri sulla Terra. La sua tomba a Tebe è famosa per le pitture murali.

NARMER vedi **Menes**

NECTANEBO I (379-361 A.C. CA.)
Re d'Egitto (primo re della XXX dinastia). Durante il suo regno i Persiani tentarono di invadere l'Egitto ma furono fermati dall'inondazione del Nilo. Nel periodo di pace che seguì furono costruiti molti monumenti.

NECTANEBO II (359-342 A.C. CA.)
Re d'Egitto (terzo e ultimo re della XXX dinastia). Quando i Persiani conquistarono l'Egitto fuggì a Menfi e poi in Etiopia.

NEFERTARI
Sposa prediletta di **Ramesse II** (XIX dinastia). Le fu dedicato un tempio ad Abu Simbel e la sua tomba si trova nella Valle delle Regine.

NEFERTITI
Regina d'Egitto (XVIII dinastia). Sposa di **Akhenaton** e madre di **Akhesenamun**.

NEKAS I (672-664 A.C. CA.)
Principe di Sais (Basso Egitto). La famiglia di Nekas non aveva mai accettato i re nubiani della XXV dinastia. Quando gli Assiri invasero l'Egitto nel 664 a.C., Nekas si schierò dalla loro parte e fu nominato governatore ma fu poi catturato e giustiziato dai Nubiani. Il figlio Psammetico fuggì e ritornò a restaurare l'indipendenza dell'Egitto dando inizio alla XXVI

dinastia. Ma gli Egiziani consideravano Nekas il primo re della nuova dinastia ed egli è conosciuto come Nekas I.

NITOCRIS o NET-IKERTY
Sposa Divina. Figlia di Psammetico I, primo re della XXVI dinastia. Contribuì a far accettare la nuova dinastia al Basso Egitto.

NITOCRIS
Regina d'Egitto (VI dinastia). Figlia di **Pepi II**. Alla morte del padre Nitocris governò da sola per circa due anni (2152-2150 a.C. ca.).

Nefertiti *(vedi pag. 107)*

PEPI II (2246-2252 A.C. CA.)
Re d'Egitto (VI dinastia). Il suo regno, durato 94 anni, è il più lungo della storia. Alla sua morte seguì una lotta per il potere; l'Egitto venne sconvolto dalla guerra civile e l'Antico Regno volse al termine.

PIANKHY (728-716 A.C. CA.)
Re di Nubia e d'Egitto. Si eresse a difensore della cultura e della religione egiziana in un momento di decadenza e divisione politica nel Paese. Conquistò l'Egitto nel 728 a.C. e divenne il primo re della XXV dinastia. Morì in Nubia ed è sepolto in una piramide a el Kurru.

PINUDJEM
Sommo sacerdote e Gran Generale dell'esercito egiziano. Alla morte di Ramesse XI, riconobbe in Smendes il nuovo sovrano ma in seguito si proclamò re. Smendes governò da Tanis e Pinudjem scelse Tebe come capitale.

PSUSENNES I (1039-991 A.C. CA.)
Re d'Egitto (XXI dinastia). La sua tomba a Tanis, con una bella bara d'argento, venne ritrovata intatta.

RAMESSE II (1289-1224 A.C. CA.)
Re d'Egitto (XIX dinastia) e uno dei faraoni più famosi. Costruì molte fortezze, templi e monumenti, tra cui due templi scavati nella roccia ad Abu Simbel. Durante la prima parte del suo regno fu impegnato a combattere gli Ittiti. La minaccia assira pose termine al conflitto e si giunse ad un trattato di pace.

RAMESSE III (1184-1153 A.C. CA.)
Re d'Egitto (XX dinastia). Figlio di Sethnakht, fu l'ultimo grande re del Nuovo Regno. Combattè contro i Libici, sconfisse i Popoli del Mare e costruì un grande complesso funerario a Medinet Habu. La sua tomba è nella Valle dei Re e la mummia nel museo del Cairo.

RAMOSE
Visir dell'Alto Egitto durante il regno di **Amenofi III** e **Akhenaton**. Membro della famiglia di **Amenofi, figlio di Hapu**.

REKHMIRE
Visir dell'Alto Egitto (regno di **Thutmosi III**). La sua tomba a Tebe contiene scene di vita quotidiana e un testo che descrive le istruzioni date dal re al visir alla sua nomina.

SENNACHERIB (704-681 A.C. CA.)
Re assiro, figlio di **Sargon II**. Durante il suo regno, Merodach-Baladin guidò varie rivolte in Babilonia, alle quali gli Assiri posero fine con il sacco di Babilonia del 689 a.C. I re di Sidone, Askalon, Giudea e Ekron si ribellarono, incoraggiati dal re egiziano. Sennacherib sconfisse i ribelli e invase l'Egitto ma un'epidemia di peste lo costrinse a ritirarsi. Fu ucciso schiacciato da uno dei suoi figli con la statua di un dio.

SESOSTRI III (1878-1841 A.C. CA.)
Re d'Egitto (XII dinastia). Condusse varie campagne contro i Kushiti che minacciavano la frontiera della Nubia (alla Seconda cateratta). Iniziò ampi lavori per rendere più sicura la fortezza al confine e scavò un canale attraverso la Prima cateratta per permettere alle barche di navigare controcorrente. Proclamò di essere stato il re ad aver esteso i confini più a sud.

SHOSHENQ I (945-924 A.C. CA.)
Re d'Egitto e primo re della XXII dinastia. Rispose alla minaccia sul confine orientale con campagne in Palestina contro gli stati d'Israele e Giudea. Cominciò progetti edilizi ambiziosi, come quello a Karnak. La sua tomba è a Tanis, nel Delta del Nilo.

SHOSHENQ II (890 A.C. CA.)
Re d'Egitto (XXII dinastia). Probabilmente co-reggente nella fase tra Osorkon I e Takeloth I. La sua mummia fu ritrovata a Tanis nella tomba di **Psusennes I**.

SINUHE
Ufficiale dell'esercito egiziano (XII dinastia). Nel corso di una campagna contro i Libici, venne a sapere dell'assassinio di **Amenemhat I** e di una congiura per togliere il trono al figlio Sesostri. In preda al panico, decise di fuggire in Siria, dove rimase per molti anni, e ritornò in Egitto dopo varie avventure. La sua storia è illustrata sulle pareti della sua tomba e fu copiata e raccolta in un libro.

SNEFRU (2575-2551 A.C. CA.)
Re d'Egitto (III dinastia). Figlio di Huni, divenne re dopo la morte precoce dell'erede al trono. Sposò la sorellastra **Hetepheres I** per rafforzare il suo diritto al trono.

Efficiente e privo di scrupoli, inviò una spedizione in Nubia e fece catturare e uccidere schiere di Nubiani. Si edificò due piramidi: quella Romboidale e la Piramide Rossa (la prima piramide a faccia liscia).

SOBEK-NEFERU (1787-1783 A.C. CA.)
Regina d'Egitto (XII dinastia). Alla morte del fratello Amenemhat IV non rimasero altri eredi maschi al trono e governò per quattro anni.

SUPPILULIUMA (1380-1340 A.C. CA.)
Il più grande dei re ittiti: abile diplomatico e soldato valoroso. Sotto di lui, l'impero ittita raggiunse la massima estensione. Intorno al 1370 a.C. conquistò l'impero dei Mitanni e incoraggiò i vassalli egiziani alla rivolta. Quando **Tutankhamon** morì, la sua giovane vedova **Ankhesenpaamun** gli scrisse offrendo di sposare uno dei suoi figli, a cui sarebbe andato il titolo di faraone. Il complotto venne però scoperto e il principe ittita fu assassinato. Per vendicare la morte del figlio, Suppiluliuma attaccò le province egiziane in Siria.

TAHARQO (690-664 A.C. CA.)
Re d'Egitto (XXV dinastia: i re nubiani). Figlio di **Piankhy**. Durante il suo regno gli Assiri attaccarono l'Egitto tre volte. La seconda invasione raggiunse Menfi ma Taharqo fuggì temporaneamente in Nubia. Alla terza invasione, appoggiata da principi egiziani come **Nekas di Sais**, fuggì nuovamente in Nubia e venne fondata una nuova dinastia egiziana.

TAO II
Re di Tebe (XVII dinastia). Figlio di Tao I e **Tetisheri**. Durante il suo regno, i Tebani cominciarono a organizzarsi per cacciare gli Hyksos che governavano l'Egitto, con la XV dinastia, da Avari. Scoppiò una guerra e Tao spinse la frontiera a nord fino a Assiut.

TAWOSRET (1194-1186 A.C. CA.)
Regina d'Egitto (XIX dinastia). Figlia di **Merenptah** e sorella sposa di Sety II. Alla morte di Merenptah, Amenmesse (membro della famiglia reale) si impadronì del potere prima che Sety potesse insediarsi sul trono. Quando Sety morì, il figlio di Amenmesse, Siptah, fu fatto re. Tawosret divenne sua moglie e quando questi morì regnò per tre anni, fino alla morte.

TETI (2323-2291 A.C. CA.)
Re d'Egitto a capo della VI dinastia. Salì sul trono dopo aver sposato la regina Ipwet, figlia del re Unas, l'ultimo re della V dinastia. Costruì una piramide a Saqqara e fu assassinato dalle sue guardie in circostanze misteriose.

TETISHERI
Regina di Tebe (XVII dinastia) sposa di Tao I. Figura influente che probabilmente incoraggiò gli uomini della famiglia reale a ribellarsi contro gli Hyksos, i quali furono cacciati dal nipote **Amosi**. Il nipote le assegnò patrimoni degli Hyksos, la tomba a Tebe e un monumento ad Abido.

THUTMOSI III (1490-1436 A.C. CA.)
Re d'Egitto (XVIII dinastia). Figlio di Thutmosi II e nipote di **Hatshepsut**, che fu sua reggente e ne usurpò il potere per vent'anni. Thutmosi fu probabilmente il più grande faraone guerriero del Nuovo Regno e portò l'impero egiziano alla sua massima estensione.

THUYA
Grande sacerdotessa del dio Min, sposa di **Yuya** e madre di **Tiy**.

Thuya

TIA
Principessa egiziana (XIX dinastia). Figlia maggiore di Sety I e sorella di **Ramesse II**. Sposò un alto funzionario con il quale è sepolta a Saqqara. Il matrimonio ebbe probabilmente luogo prima che il nonno Ramesse I fondasse la XIX dinastia, perché in quel caso avrebbe sposato il fratello **Ramesse II**.

TIY
Regina egiziana (XVIII dinastia). Figlia di due cortigiani influenti: **Thuya** e **Yuya**, sposa di **Amenofi III** (forse suo cugino) e madre di **Akhenaton**.

TOLOMEO I (305-284 A.C.)
Re d'Egitto. Fu un generale nell'esercito di **Alessandro Magno**. Alla morte dell'imperatore fu nominato governatore d'Egitto per conto del figlio di Alessandro e del fratello. Quando entrambi furono assassinati, Tolomeo divenne re e fondò la dinastia tolemaica.

TUTANKHAMON (1347-1337 A.C. CA.)
Re d'Egitto (XVIII dinastia). Figlio di **Akhenaton**. Salì al trono a nove anni e sposò la sorellastra **Ankhesenamun**. Il generale **Horemheb** e un cortigiano di nome Ay divennero reggenti. Nonostante la morte precoce, Tutankhamon è famoso per i tesori ritrovati nel 1922 nella sua tomba nella Valle dei Re. La sua tomba, al contrario di molte tombe della XVIII dinastia, non venne saccheggiata.

YUYA
Nobile importante alla corte di **Amenofi III**. Visir del nord e sommo sacerdote di Min, era responsabile delle stalle e dei carri reali e del bestiame del tempio di Min. La sua tomba, che divide con la sposa **Thuya** a Biban el-Moluk, è splendidamente arredata.

DIVINITÀ

Gli antichi Egizi veneravano centinaia di dei e dee. Talvolta, data la grande quantità, distinguerli può risultare difficile. Inoltre, con l'evoluzione della religione nel corso di molti secoli, alcuni dei vennero identificati con altri oppure furono scissi in figure diverse.

Moltissime divinità erano associate ad animali e nelle pitture erano spesso raffigurate come animali o con la maschera di animali. Gli dei più importanti, come il dio sole, erano venerati in tutto il Paese mentre altri erano oggetto di culto locale, legati ad un tempio o ad un luogo.

AKER
Dio guardiano dell'alba e del tramonto. Rappresentato come due leoni appoggiati dorso a dorso, con in mezzo il disco solare, in equilibrio tra est e ovest.

Amon

AMMUT
Demone femminile detta "divoratrice": divorava i cuori dei defunti che non avevano vissuto una vita onesta.

AMON
In origine Amon era il dio dell'aria e del vento. In seguito fu venerato come dio della fertilità e Creatore di tutte le cose; nel Nuovo Regno divenne re degli dei e padre di tutti i faraoni. Era associato al dio Sole Ra e venne quindi chiamato Amon-Ra.

Tempio: Karnak

Animali: oca e ariete

Anubi

ANUBI
Figlio di Osiride e Nefti, era il dio dei morti, della magia e della mummificazione. Accompagnava i defunti nell'aldilà.

Animale: sciacallo

ANUKIS
Dea della Prima cateratta sul Nilo. Figlia di Khnum e Satis.

ATON
Raffigurato come disco solare, era il dio del Cielo e della Terra. Divenne il dio più importante durante il regno di Akhenaton.

BAST
Dea del sole e madre. Figlia del dio sole Ra, rappresentava il potere vitale del Sole che curava le malattie e faceva maturare i raccolti.

Tempio: Bubastis

Animale: gatto

Bes

BES
Nano e giullare degli dei. Proteggeva le case e i bambini.

GEB
Dio della Terra e fratello gemello e marito di Nut. Era spesso raffigurato come oca e si pensava che da un suo uovo fosse nato il Sole. Padre di Osiride, Iside, Seth e Nefti.

HAPI
Dio del Nilo, di cui controllava le piene annuali. Era venerato in tutto il Paese e considerato da molti più importante del dio Sole.

HATHOR
Una delle dee più antiche, sposa di Horus e identificata con varie dee locali. Dea dell'amore, della bellezza e della gioia era venerata come madre e dea della morte.

Tempio: Dendera

Animale: giovenca

Hathor

HORUS
Dio del cielo, aveva ereditato il trono dell'Egitto da Osiride.

Tempio: Edfu

Animale: falco

IHY
Dio della musica e dei musici. Figlio di Horus e Hathor.

ISIDE
Dea tra le più antiche e importanti, era venerata come madre e dea delle arti. Figlia di Nut e Geb, era la sposa del fratello Osiride.

Tempio: File

KHEPI
Dio Sole legato all'alba. Era spesso raffigurato come uno scarabeo che spinge una sfera di sterco, simbolo del Sole. Gli Egiziani credevano che Khepi facesse avanzare il sole nel cielo ogni giorno.

KHNUM
Vasaio che con l'argilla creava le persone sul suo tornio. Gli Egizi pensavano che controllasse la sorgente del Nilo.

Tempio: Elefantina

Animale: ariete

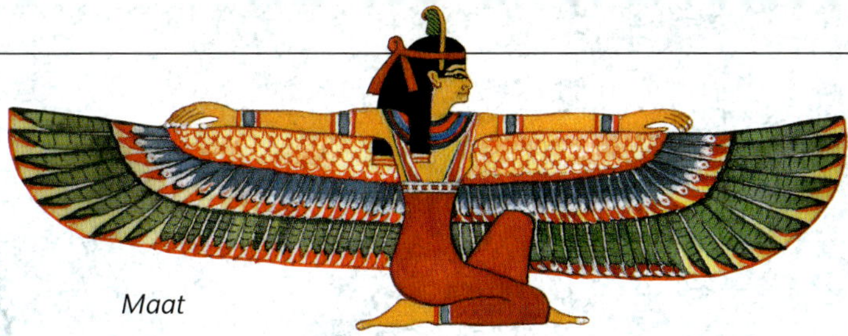

Maat

KHONSU
Dio della Luna, figlio di Amon e Mut.

Tempio: Karnak

MAAT
Dea della verità e della giustizia, rappresentava l'equilibrio e l'armonia dell'universo.

Simbolo: piuma

MIN
Venerato dagli uomini come dio della fertilità e in seguito come dio della pioggia che aiutava i raccolti.

Tempio: Coptos

Animale: toro

Pianta: lattuga

MITHOS
Dio dalla testa di leone, figlio di Bast.

Mut

MUT
Dea madre, sposa di Amon. Era la regina di tutti gli dei e madre di tutte le cose viventi.

Tempio: Karnak

Animale: leonessa

NEFERTUM
Dio degli oli e dei profumi. Figlio di Ptah e Sekhmet.

Fiore: fiore di loto blu

NEFTI
Protettrice dei morti; sorella sposa di Seth, dio del deserto.

NEITH
Dea della caccia, della guerra e della tessitura; più tardi anche protettrice dei morti e guida nell'aldilà. Guardiana della corona rossa del Basso Egitto e madre del Sole.

Tempio: Sais

Simbolo: scudo e frecce

NUT
Dea del cielo, figlia di Shu e sorella sposa di Geb, dio della Terra. È spesso raffigurata distesa sull'orizzonte con la punta delle dita di mani e piedi che toccano il suolo. Geb compare spesso disteso sotto di lei.

OSIRIDE
Gli Egiziani lo consideravano Re dell'Egitto. Introdusse la vite e il grano nel Paese e divenne dio supremo e giudice e re dei morti. Figlio ed erede di Geb e Nut, era il simbolo della vita eterna.

Tempio: Abido

PTAH
Patrono della città di Menfi e di artisti, scultori e architetti. Era un architetto egli stesso: aveva costruito la struttura dell'universo.

Tempio: Menfi

Animale: il toro Apis

RA
La raffigurazione più frequente del dio Sole, nonostante le tante versioni esistenti. Si credeva che nascesse ogni giorno per compiere il viaggio nel cielo.

Tempio: Eliopoli

RENENUTET
Protettrice dei bambini. Era una dea potente, il cui sguardo distruggeva i nemici e faceva crescere i raccolti e il bestiame.

Tempio: Medinet el-Fayum

Animale: serpente

SATIS
Patrona dei cacciatori. Stava a guardia del confine con la Nubia aveva il compito di uccidere i nemici dei faraoni. Era moglie di Khnum.

SEKHMET
Rappresentava la maternità e il potere distruttivo del Sole. Spietata dea della guerra, era sposa di Ptah e figlia di Nut e Geb.

Animale: leonessa

SETH
Dio del deserto e della distruzione; re dell'Alto Egitto. Figlio di Geb e Nut e fratello malvagio di Osiride. Seth uccise Osiride e ne prese il posto sul trono d'Egitto. Più tardi fu venerato come protettore delle tempeste del deserto. Sposo della sorella Nefti.

Animali: asino, maiale e ippopotamo

SHU
Dio dell'aria e dei venti secchi. Figlio di Ra, fratello e sposo di Tefnut e padre di Geb e Nut.

Sobek

SOBEK
Dio dell'acqua, ammirato e temuto per la sua ferocità. veniva spesso raffigurato con la testa di coccodrillo. Sposo di Renenutet.

Templi: Fayum e Kom Ombo

Animale: coccodrillo

TAWARET
Femmina di ippopotamo, era dea del parto protettrice delle donne in gravidanza e dei neonati.

Tawaret

THOT
Dio legato alla Luna e dio della saggezza. Era visir e scriba degli dei e depositario del sapere. Sposo di Maat.

Tempio: Ermopoli

Animale: babbuino

Uccello: ibis

STORIA DELL'EGITTOLOGIA

Si dice egittologia lo studio della storia e dell'archeologia dell'antico Egitto. L'Egitto fu la prima meta turistica al mondo. I monumenti egiziani ebbero ammiratori – e saccheggiatori – fin quasi dal momento in cui furono costruiti. Molti dei conquistatori – i Greci, i Romani e gli Arabi – studiarono le antiche rovine con grande interesse e il Paese attirò visitatori da altre parti del Mediterraneo.

Tuttavia, fu solo a partire dalla fine del XIX secolo che gli archeologi europei cominciarono a introdurre metodi scientifici negli scavi che ci permisero di comprendere la civiltà egiziana. Qui di seguito sono riportati i momenti salienti nella storia dell'egittologia.

500 a.C. ca. Lo storico greco Erodoto visitò l'Egitto e scrisse il primo resoconto di uno straniero sulla storia e la civiltà egizia. Le informazioni erano basate sui racconti dei suoi interlocutori e quindi sui miti più che sui fatti.

Lo storico greco Erodoto, considerato il "padre della storia".

290 a.C. ca. Un sacerdote egiziano di nome Manetone scrisse la *Storia dell'Egitto* per il faraone Tolomeo II. La suddivisione in 30 dinastie viene utilizzata ancor oggi.

59 a.C. ca. Lo scrittore greco Diodoro Siculo scrisse una storia universale in 12 volumi. L'ultimo volume trattava della storia e dei costumi egiziani.

25 a.C. Il geografo greco Strabone visitò l'Egitto e scrisse *Geografia,* opera in 17 volumi che comprendeva informazioni su tombe, piramidi e templi egiziani.

50 d.C. ca. Lo storico romano Plinio il Vecchio fu il primo Romano a descrivere la Grande Sfinge di Giza. Scrisse inoltre sui monumenti in Egitto e su quelli portati a Roma dall'Egitto, come gli obelischi.

378-388 d.C. Una suora cristiana, Etheria di Gallia (Francia) fece un viaggio in Egitto e descrisse i monumenti vicino a Tebe.

1200 d.C. ca. Il dottore arabo Abd' el-Latif di Baghdad visitò Giza, entrò nella Grande Piramide e vide la Grande Sfinge. Scrisse che il termine "mummia" deriva dal persiano *mumiyya*, che significa "bitume".

1646 John Greaves, professore di anatomia all'università di Oxford scrisse *Pyramidographia*, uno studio sul significato delle piramidi che mette a confronto fatti e miti.

1657 L'esploratore francese Jean de Thevenot scrisse del suo viaggio in Egitto nel libro *Voyage au Levant.*

1692 Benoit de Maillot, console francese in Egitto, esplorò la Grande Piramide di Giza e sottolineò l'importanza di metodi scientifici nello studio dei monumenti egiziani.

La Grande Sfinge e le piramidi di Giza di David Roberts, artista scozzese che visitò l'Egitto nel 1838. I suoi dipinti dei monumenti stimolarono l'interesse degli europei per l'Egitto.

Tra il **1707** e il **1726** il gesuita Claude Sicard viaggiò in Egitto spingendosi a sud fino ad Assuan e raccogliendo informazioni su 20 piramidi, 24 templi e oltre 50 tombe. Questo studio, il più completo all'epoca, identificava Karnak e Luxor come parte dell'antica capitale di Tebe.

1755 L'ingegnere e artista danese Frederick Nordern nel suo libro *Viaggio* diede una descrizione dettagliata dell'Egitto con cartine accurate e disegni dei suoi monumenti.

1768 L'esploratore scozzese James Bruce risalì il Nilo e scoprì la tomba di Ramesse III nella Valle dei Re.

1798 Napoleone Bonaparte invase l'Egitto e sconfisse gli Egiziani nella battaglia delle Piramidi. Lo accompagnava un gruppo di studiosi, alcuni dei quali rimasero nel Paese per tre anni e lavorarono in regioni diverse per raccogliere informazioni sulla storia naturale, gli antichi monumenti e le tradizioni della sua gente. La pubblicazione di questi studi ebbe un grande impatto in Europa e gettò le basi per lo sviluppo dell'egittologia moderna.

1799 La Stele di Rosetta fu scoperta da soldati napoleonici a Rosetta (in arabo Rashid), in Egitto. Il testo della lastra di basalto, redatto in tre lingue (greco, demotico e geroglifico), permise in seguito di decifrare i geroglifici.

1815 Il medico inglese Thomas Young scrisse *Remarks on Egyptian Papyri and on the Inscription of Rosetta*, un passo importante verso la decifrazione dei geroglifici.

1815 Il console inglese in Egitto, Henry Salt, donò vari reperti ai musei inglesi. Giovanni Battista Belzoni raccolse per lui numerosi pezzi che oggi si trovano nel British Museum di Londra, tra cui la testa colossale di Ramesse II di Tebe. Belzoni esplorò i templi di Abu Simbel, riportò alla luce numerose tombe nella Valle dei Re e la piramide di Chefren a Giza e scoprì l'antico porto di Berenice sul Mar Rosso.

1821 John Wilkinson approdò in Egitto, dove rimase per tre anni e si dedicò agli scavi delle tombe di Tebe. Le sue copie di dipinti e iscrizioni sono ancor oggi tra le migliori. È considerato il fondatore dell'egittologia inglese.

1824 Il volume *Précis du Système Hiéroglyphique* dello studioso francese Jean François Champollion sviluppò il lavoro di Young arrivando a decifrare i geroglifici.

Ritratto dell'avventuriero italiano Giovanni Battista Belzoni

1824 Lo studioso scozzese Robert Hay tracciò disegni, piante e copie delle iscrizioni dei monumenti egiziani.

1825 Il medico inglese Augustus Granville eseguì un'autopsia su una mummia, chiamata Irtyersenu, dischiudendo nuove e importanti informazioni.

1834 L'avventuriero italiano Giuseppe Ferlini recuperò un gran numero di gioielli in oro nella tomba della regina Amanishakheto (I secolo a.C.) a Meroe: la più grande collezione di gioielli che sia mai stata ritrovata.

1840 ca. Lo studioso tedesco Kark Lepsius e il suo gruppo di assistenti fecero una serie di disegni delle pitture e delle iscrizioni di templi e tombe nella Valle dei Re.

1850 ca. in poi Lo studioso scozzese Henry Rhind introdusse un nuovo metodo di scavo che sostituì quello della "caccia al tesoro" usato fino a quel punto. Nei due anni trascorsi agli scavi di Tebe riportò, per la prima volta, il luogo preciso di ciascun ritrovamento.

Il Museo Egizio al Cairo, fondato da Auguste Mariette, vanta la più ricca collezione di antichità egiziane al mondo.

1858 L'archeologo francese Auguste Mariette fu il primo direttore delle antichità in Egitto e del nuovo museo vicino al Cairo, il primo museo nazionale in Medio Oriente. Mariette costituì inoltre il primo ente per le antichità, il cui compito era di garantire che i ritrovamenti rimanessero in Egitto invece di finire nei musei stranieri. Il Museo del Cairo oggi ospita la più grande collezione di antichità egiziane al mondo.

1871 Una famiglia egiziana a "caccia di tesori" scoprì una tomba a Deir el-Bahari con 36 mummie appartenenti a membri di famiglie reali del Nuovo Regno.

1873 La scrittrice inglese Amelia Edwards risalì il Nilo, esempio che venne seguito da molti altri. Nel **1882** fondò l'Egypt Exploration Fund.

1884 L'archeologo inglese William Flinders Petrie cominciò a scavare in Egitto per conto del British Egypt Exploration Fund. Nel corso di 40 anni fece molte scoperte ma il suo contributo maggiore fu l'introduzione di metodi scientifici nella classificazione dei reperti archeologici. Introdusse la stratigrafia (studio della successione cronologica degli strati rocciosi) e la "datazione in sequenza" per datare e organizzare il materiale. Le sue scoperte più famose sono Naucratis, una città greca in Egitto, e Kahun e Gurob, che offrirono nuovi elementi sulla vita quotidiana nelle città. Studiò inoltre le famose Lettere di Amarna, ritrovate da una contadina in un campo, che rivelarono nuovi particolari su Akhenaton.

1893 Si deve a dei contadini il ritrovamento di 300 frammenti di papiro del complesso funerario del re Neferirkare (V dinastia) di Abusir. I papiri rivelarono informazioni sugli arredi e il personale dei templi.

1898 L'archeologo francese Victor Loret scoprì altre 13 mummie reali nella tomba di Amenofi II nella Valle dei Re.

1898 L'archeologo inglese James Quibell scoprì la tavoletta di Narmer a Hierakonpolis: un documento importante sull'unificazione dell'Egitto.

1913-1914 Una spedizione tedesca guidata da Ludwig Borchardt portò alla luce la casa dello scultore Thutmose ad Amarna, che conteneva il famoso busto di Nefertiti.

1917 Una spedizione di archeologi francesi iniziò gli scavi a Deir el-Medina che portarono alla scoperta del villaggio degli operai.

1919-1920 Herbert Winlock scoprì la tomba di Meket-Re a Tebe. I modellini della casa del defunto e dei laboratori ritrovati all'interno rivelarono molti particolari sulla vita del tempo.

1922 Howard Carter, finanziato da Lord Carnarvon, scoprì la tomba del faraone-bambino Tutankhamon con il famoso tesoro.

1920-1940 ca. L'archeologo egiziano Sami Gabra portò alla luce i cimiteri con resti umani e animali di Tuna el-Gebel nel Medio Egitto.

1930 ca. Pierre Montet scoprì i tesori delle tombe reali della XXI e XXII dinastia (poco note) a Tanis.

1936-1956 Walter Emery guidò gli scavi delle mastabe dei funzionari della I e della II dinastia a Saqqara.

1954 Una barca funebre, della IV dinastia, smantellata e in perfette condizioni fu ritrovata in una vasta fossa a sud della Grande Piramide di Giza. Era sepolta da 4600 anni.

1960 ca. Un'operazione internazionale sponsorizzata dall'UNESCO trasferì i templi di Abu Simbel per evitare che venissero sommersi a causa della costruzione della diga di Assuan.

1966 in poi. Gli scavi nel Delta del Nilo sotto la guida dell'archeologo austriaco Manfred Bietak riportò alla luce Avari, la capitale degli Hyksos, e la città di Ramesse II, Pi Ramesse.

1975 in poi. Il "Progetto Tempio di Akhenaton" ha ritrovato blocchi provenienti dalle rovine dei templi di Akhenaton ad Amarna che vengono lentamente ricostruiti.

1978 La spedizione Hierakonpolis scoprì i resti carbonizzati della casa di un vasaio, un documento essenziale sulla vita in Egitto intorno al 3500 a.C. Nel **1985** nello stesso luogo furono scoperti i resti del più antico tempio egiziano finora ritrovato.

1995 L'archeologo americano Kent Weeks scoprì l'immensa tomba di famiglia di Ramesse II nella Valle dei Re. Si è riusciti ad individuare le 118 stanze soltanto grazie ad un ecogoniometro, dato che erano piene di detriti.

1996 La spedizione subacquea di archeologi guidata da Franck Goddio scoprì i primi resti della città di Alessandria, oggi sommersa, e delle vicine città di Canopus, Eraclio e Menouthis, distrutte da un terremoto nel 746 d.C.

1999 200 mummie dell'inizio dell'età greco-romana, alcune con maschere d'oro, furono scoperte a Bawati nel Deserto Occidentale. Il cimitero, che si ritiene ospiti 10.000 mummie, potrebbe essere il più grande mai scoperto.

1999 Si deve ad un gruppo egiziano-tedesco la scoperta di alcune delle più antiche stalle vicino al Delta del Nilo. Le stalle, che potevano ospitare 460 cavalli, sono le più grandi ritrovate in Medio Oriente e appartenevano forse al faraone Ramesse II.

2000-2001 I ritrovamenti sottomarini di Eraclio nella Baia di Abukir includono statue colossali, una stele con un'iscrizione di Nectanebo I, un santuario tolemaico di Amon e i resti di 10 antiche barche egiziane.

Una pesante statua di granito viene recuperata dal fondo marino nei pressi dell'antica città fondata da Alessandro Magno, Alessandria. La statua raffigura il faraone Tolomeo II.

MUSEI

Per ammirare l'arte e l'architettura dell'antico Egitto non è necessario recarsi sul posto: musei di tutto il mondo ospitano collezioni stupende di pitture, sculture, arredamenti, ceramiche, gioielli e altri tesori inestimabili. I musei più importanti hanno spesso siti web con collezioni esplorabili virtualmente.

La lista che compare qui di seguito comprende i musei che raccolgono le migliori collezioni di antichità egizie. Molti musei hanno un sito internet che permette di ammirare questi tesori comodamente da casa. Per i link ai siti di molti dei musei descritti vai al sito **www.usborne-quicklinks.com/it** e scegli il titolo del libro.

Il Museo Egizio del Cairo è colmo di tesori, tutti da ammirare, come questo pettorale in oro a forma di falco.

AUSTRALIA

The South Australian Museum
North Terrace
Adelaide
South Australia 5000

AUSTRIA

Kunsthistorisches Museum
Raised Ground Floor
Maria Theresien-Platz
1010 Wien

La collezione egizia e del Vicino Oriente di questo museo è una delle più importanti al mondo, con oltre 12.000 reperti che coprono un arco di circa 4.000 anni di storia.

Papyrus Museum Österreichische Nationalbibliothek
Heldenplatz
New Hofburg
PO Box 25
1010 Wien

Una favolosa collezione di volumi di papiri egizi che illustrano la vita dei popoli della Valle del Nilo in un periodo di circa 3.000 anni.

BELGIO

Musée Royal de Mariemont
Chaussée de Mariemont, 100
7140 Morlanwelz

The Cinquantenaire Museum Royal Museums of Art and History
Parc de Cinquantenaire 10
1000 Bruxelles

Contiene più di 11.000 pezzi di tutti i periodi della storia egiziana.

CANADA

Royal Ontario Museum
100 Queen's Park
Toronto, Ontario
M5S 2C6

EGITTO

Museo Egizio
Midan el-Tahir
Il Cairo 11557

Fondato nel 1858, fu il primo museo nazionale di tutto il Medio Oriente e ospita la più vasta collezione di antichità egizie al mondo.

FRANCIA

Musée du Louvre
75058 Parigi Cedex 01

Il Museo Egizio del Louvre ospita una delle collezioni di reperti egiziani migliori e più complete al mondo.

GERMANIA

Ägyptisches Museum -Georg Steindorff- der Universität Leipzig
Goethestrasse 2
04109 Lipzia

Egyptian Museum and Papyrus Collection Staatliche Museen zu Berlin
Bodenstrasse 1-3
10178 Berlino

Questo amuleto portafortuna fa parte della collezione egizia del Louvre a Parigi. Rappresenta il dio della saggezza Thot che ha preso le sembianze di un babbuino.

GRECIA

Museo Archelogico Nazionale
44 Patission Street
Atene 106 82

IRLANDA

National Museum of Ireland
Archaeology Department
Kildare Street
Dublino 2

ITALIA

Museo Civico Archeologico di Bologna
Via dell'Archiginnasio, 2
40124 Bologna

Museo Egizio
Via Accademia delle Scienze, 6
10123 Turino

Ospita una delle più cospicue collezioni egizie d'Italia.

Museo archeologico nazionale di Firenze
Via della Colonna, 36
Firenze

Museo Gregoriano Egiziano
Viale Vaticano
00165 Roma

OLANDA

Rijksmuseum van Oudheden
Rapenburg 28
2311 EW Leiden

Il museo olandese possiede 13 mummie umane e 25 di animali e ospita uno spazio espositivo che mostra come avveniva la mummificazione.

PORTOGALLO

Museu Calouste Gulbenkian
Av. de Berna 45A
1067-001 Lisbona Codex

GRAN BRETAGNA

Ashmolean Museum
Beaumont Street
Oxford OX1 2PH

Possiede una vasta collezione d'arte egizia grazie a una collaborazione di lunga data con vari egittologi.

British Museum
Great Russell Street
Londra WC1B 3DG

Ospita una delle raccolte egizie più importanti dopo quella del Cairo. Copre tutti gli aspetti della cultura egizia, dal Periodo Predinastico al Periodo Copto Cristiano, ed è famoso in tutto il mondo soprattutto per la sua ricca collezione di mummie.

The Petrie Museum of Egyptian Archaeology
University College London
Gower Street
Londra
WC1E 6BT

Circa 80.000 reperti delle popolazioni della Valle del Nilo, dalla preistoria all'epoca dei faraoni. Il museo deve il suo nome al grande archeologo William Flinders Petrie (1853-1942).

Durham University Oriental Museum
Elvet Hill
Durham
DH1 3TH

Fitzwilliam Museum
Trumpington Street
Cambridge
CB2 1RB

LINK INTERNET

Per i link ai siti di musei che ospitano collezioni egizie vai a: ***www.usborne-quicklinks.com/it***

Questo recipiente egizio in vetro ha forma di pesce ed è esposto al British Museum di Londra. Rappresenta il tilapia del Nilo, un simbolo di rinascita.

L'ippopotamo in ceramica azzurra è uno dei tanti modellini rinvenuti nelle tombe del Medio Regno, ed è esposto al Metropolitan Museum of Art di New York.

LINK INTERNET

Per i link ai siti di musei che ospitano collezioni egizie vai a: ***www.usborne-quicklinks.com/it***

The Manchester Museum
The University of Manchester
Oxford Road
Manchester M13 9PL

Una delle più complete collezioni di oggetti quotidiani dell'antico Egitto. Tra i reperti in mostra ci sono pezzi che vanno dalla preistoria (10.000 a.C. ca.) al 600 d.C.

The Egypt Centre
Swansea University
Singleton Park
Swansea
SA2 8PP

Ospita una collezione egizia ed è uno dei principali centri di egittologia in Gran Bretagna.

STATI UNITI

Metropolitan Museum of Art
1000 Fifth Avenue (at 82nd Street)
New York, 10028-0198

I tesori di questa raccolta includono una mastaba dell'Antico Regno, modellini di tombe del Medio Regno e gioielli appartenenti a una principessa della XII dinastia.

Museum of Fine Arts, Boston
Avenue of the Arts
465, Huntington Avenue
Boston, Massachusetts 02115

Uno dei più importanti musei dell'America del Nord. La raccolta egizia fu inaugurata nel 1872. I suoi punti di maggiore forza sono le collezioni raccolte nel corso degli scavi a Giza all'inizio del XX secolo.

University of Pennsylvania Museum of Archaeology and Anthropology
3260 South Street
Philadelphia, Pennsylvania 19104

Questo museo ospita una delle maggiori collezioni di oggetti egizi e nubiani degli Stati Uniti: oltre 42.000 reperti.

Carnegie Museum of Natural History
4400 Forbes Avenue
Pittsburgh, Pennsylvania 15213

La Walton Hall, parte integrante del museo, è dedicata alla vita nell'antico Egitto.

Cleveland Museum of Art
11150 East Boulevard
Cleveland, Ohio 44106

Il museo raccoglie opere egizie sin dal 1913, epoca addirittura precedente alla fondazione del museo stesso. Di dimensioni modeste, la collezione di sculture, bassorilievi e oggetti artistici è tuttavia di altissima qualità e apprezzata a livello internazionale.

Institute of Egyptian Art and Archaeology
315 Art and Communication Bldg.
The University of Memphis
Memphis, Tennessee 38152-3140

The Field Museum
1400 S Lake Shore Drive
Chicago, Illinois 60605

Oriental Institute of the University of Chicago
1155 East 58th Street
Chicago, Illinois 60637

Michael C. Carlos Museum of Emory University
571 South Kilgo Circle
Atlanta, Georgia 30322

Oltre a mostrare lo sviluppo della civiltà egizia, la New Egyptian Collection comprende altri reperti provenienti dall'antica Africa, tra cui spicca una galleria dedicata al periodo nubiano.

Rosicrucian Egyptian Museum & Planetarium
1660 Park Avenue
San Jose, California 95191

Seattle Art Museum Downtown
1300 First Avenue
Seattle, Washington 98101-2003

GLOSSARIO

Nelle pagine di questo glossario troverai la spiegazione di alcuni dei termini egiziani o specialistici che compaiono nel testo o in altri libri sull'antico Egitto. Le parole in *corsivo* nel contesto della spiegazione hanno una voce nel glossario.

acquedotto Sistema di canali costruito per il trasporto dell'acqua.

akh Una delle tre entità spirituali dell'individuo.

alabastro Pietra bianca e lucida, venata come il marmo. Era usata a scopo decorativo per i pavimenti dei templi e per oggetti destinati alle case degli egiziani ricchi, come vasi e lampade.

aldilà Luogo dove gli Egizi pensavano avrebbero vissuto dopo la morte.

amuleto Figurina di una divinità o di un oggetto sacro indossata come portafortuna da vivi e morti. Ne sono un esempio la colonna *djed* e lo scarabeo.

ankh *Amuleto* egiziano dalla forma simile a croce e simbolo della vita.

arabo Membro di una popolazione semitica che vive in Arabia Saudita e nei territori circostanti.

ariano Termine che si riferisce alla lingua e alle popolazioni iraniche e indiane di origine indoeuropea.

Assiri Popolo semitico dei territori intorno alle città di Ashur e Ninive sul fiume Tigri che creò un vasto impero in Medio Oriente. Gli Assiri invasero l'Egitto durante il Terzo Periodo Intermedio e posero fine al dominio nubiano.

atef Corona alta adornata di piume di struzzo e indossata dal faraone durante le cerimonie religiose.

auspicio Segno degli dei, ad esempio stelle cadenti, con significato positivo o negativo. I sacerdoti imparavano a interpretare gli auspici.

ba Forza vitale dell'individuo e una delle tre entità del suo spirito. Sopravviveva dopo la morte se la salma veniva conservata.

beduino *Nomade* che vive nei deserti del Nord Africa e dell'Arabia.

carovana Gruppo di persone, di solito mercanti, che attraversano insieme luoghi deserti o malsicuri.

cateratta Punto in cui le rocce bloccano il corso del fiume, come nel caso del Nilo. Nel mondo antico marcavano spesso il confine di un territorio.

città-stato Città e terre circostanti governate da un sovrano indipendente.

civiltà Il complesso degli aspetti materiali, sociali e spirituali di un popolo in una data epoca e area.

colonna *djed* *Amuleto* egiziano che rappresenta stabilità e continuità di potere.

concubina Termine che in un particolare contesto storico indicava una donna che viveva con un uomo al di fuori del matrimonio. Nell'antico Egitto era una relazione ufficialmente riconosciuta e la concubina godeva di diritti speciali.

corvée Tassa imposta dai faraoni che prevedeva la prestazione d'opera nei progetti edilizi.

cubito Misura egiziana basata sulla distanza tra gomito e punta delle dita. Sette palmi (mani), ognuno largo quattro dita, equivalevano a un cubito. Il cubito era diviso in digiti (dita).

culto Venerazione di una divinità o l'osservanza di un particolare rito religioso. Molti dèi egiziani erano legati ad una particolare città dove si trovava il loro **tempio di culto**, il quale ospitava la statua del dio.

demotico Scrittura corsiva egiziana che si sviluppò durante l'Epoca Tarda.

dinastia L'insieme dei sovrani appartenenti a una stessa famiglia che si succedono in un Paese. Le dinastie egiziane sono 31.

dote Denaro o beni apportati dalla sposa all'atto del matrimonio.

Ebrei Antica popolazione semitica. Chiamati anche *Israeliti*. La lingua è detta **ebraico** e oggi viene parlata in Israele.

elettro Lega naturale d'oro e d'argento.

eretico Seguace di una dottrina condannata dalla religione ufficiale. Tale dottrina è detta **eresia**.

esilio Assenza forzata dalla propria casa o dal proprio Paese.

faïence Ceramica smaltata ottenuta riscaldando quarzo (un minerale) finemente polverizzato.

Frigi Popolo *indoeuropeo* della Frigia, antico regno dell'Asia Minore.

geroglifici Sistema di scrittura egiziano che utilizza figure o simboli per rappresentare oggetti, idee e suoni. Le figure sono dette geroglifici. Il termine deriva dal greco e significa "sculture sacre". Gli antichi Egiziani li chiamavano "parole divine", ossia del dio della saggezza Thot, perché essi credevano che la scrittura fosse un dono del dio.

Giudei Altro nome per il popolo semita anche chiamato *israelita* e *ebreo*. La religione e la cultura ebraiche sono chiamate giudaismo.

harem Nei Paesi orientali, spesso musulmani, la parte della casa riservata esclusivamente alle donne (mogli e *concubine*). La parte di un palazzo nell'antico Egitto dove vivevano le donne della famiglia reale.

Heb Sed Festa egiziana alla quale il re doveva dare prova di vigore con una corsa cerimoniale, per dimostrare ai sudditi di essere nel pieno delle proprie forze.

Hyksos Gruppo di popolazioni semitiche probabilmente nomadi che invasero e conquistarono l'Egitto durante il Secondo Periodo Intermedio.

ieratico Scrittura semplificata sviluppatasi nell'Antico Regno, usata soprattutto dai sacerdoti.

impero Territorio molto esteso comprendente paesi e popolazioni diverse sottoposte a un'unica autorità, che ha in genere il titolo di imperatore.

indoeuropeo Gruppo di lingue che comprende l'iraniano, l'armeno e il sanscrito (antica lingua letteraria dell'India) e la maggioranza delle lingue moderne. Il nome si riferisce anche alle popolazioni di lingua indoeuropea che si spostarono in Medio Oriente nel 2000 a.C. ca. e che provenivano probabilmente dalla regione tra la Russia meridionale e l'Europa centrale.

inondazione Piena annuale del Nilo che avveniva solitamente nel mese di luglio. Le piogge primaverili e la neve sulle montagne dell'Etiopia confluivano nel fiume che s'ingrossava e straripando depositava il limo, un fango fertile, sulle rive. Gli Egiziani svilupparono un sistema sofisticato d'irrigazione per sfruttare la piena, creando così un'economia fiorente basata sull'agricoltura sulla quale sorse la loro civiltà.

Israeliti Abitanti *ebrei* del regno d'Israele.

Ittiti Popolo indoeuropeo dell'Anatolia (regione dell'attuale Turchia) che creò un vasto impero in Asia Minore e nella Siria settentrionale nel secondo millennio a.C.

ka Doppio spirituale dell'individuo e una delle tre entità del suo spirito. Sopravviveva alla morte se la salma era conservata.

khephresh Corona blu indossata dal faraone. Più simile a un elmo che a una corona, rifletteva l'importanza del ruolo di guerriero del faraone.

Kush Regno nella Nubia meridionale situato alla Terza cateratta del Nilo. Durante il Nuovo Regno gli Egizi invasero e occuparono la Nubia e affidarono il controllo della regione a un viceré, detto Figlio del Re di Kush.

Libici Popolo del territorio a ovest dell'Egitto che tentò a più riprese di invadere o di insediarsi in Egitto. Alla fine del Nuovo Regno i Libici stabilitisi nel Delta del Nilo assunsero il potere fondando la XXII dinastia.

mastaba Edificio in muratura che accoglieva le tombe dei re prima dell'introduzione delle piramidi.

Medjay Nome di una tribù nubiana dalla quale provenivano i soldati mercenari in Egitto. Il loro ruolo si trasformò in seguito in quello di una forza di polizia e il termine incluse gli Egiziani che entrarono a farne parte.

mercenario Soldato pagato per combattere in un esercito straniero.

millennio (o mille anni) Il primo millennio a.C. si riferisce ai 1000 anni che precedono la nascita di Cristo.

miracolo Evento soprannaturale attribuito all'intervento divino.

mummia Salma imbalsamata. Gli oli e la resina usati nella bendatura si indurivano incollandosi, quasi come il bitume. Il termine arabo per questa sostanza era *mumiyya*, da cui deriva la parola "mummia".

naos Il santuario interno al fondo del tempio dove si trovava la statua del dio.

necropoli Cimitero.

nomadi Persone che non vivono in modo stabile su un territorio fisso ma si spostano da un luogo a un altro. Questo stile di vita è detto nomadismo.

nómo Nome greco di un distretto amministrativo egiziano a capo del quale vi era un governatore.

Nubiani Popolo che abitava la regione a sud dell'Egitto (oggi Sudan). Gli Egiziani conquistarono la Nubia durante il Nuovo Regno ma i Nubiani assunsero il potere con la XXV dinastia di faraoni nel Terzo Periodo Intermedio.

obelisco Pilastro a pianta quadrata e punta piramidale eretto come monumento al dio sole.

oltretomba Altro termine per l'*aldilà*, il regno del dio Osiride, re dei morti. Talvolta chiamato il Regno dell'Ovest, perché si pensava fosse a occidente.

oracolo Messaggio divino. In Egitto era di solito comunicato attraverso la statua del dio o un animale sacro in risposta a una domanda posta dal sacerdote per conto di un individuo. L'oracolo veniva consultato per trovare la soluzione a problemi e a timori. I re vi ricorrevano anche per ottenere l'approvazione divina proprio operato.

ostraca (singolare **ostracon**) Frammenti di calcare o di ceramica utilizzati per la scrittura o il disegno.

papiro Canna impiegata per ricavare un tipo di carta (detta papiro). La canna veniva tagliata a strisce che erano poi pressate e fatte asciugare per ricavare i fogli.

patrono Protettore di un Paese, una città o una comunità. Inoltre, persona influente che dà il proprio sostegno, materiale o morale, a un'iniziativa o un'impresa.

pettorale Ornamento spesso intarsiato di pietre preziose portato sul petto.

pilone Il portale principale del tempio egiziano.

Popoli del Mare Vari gruppi di popoli che emigrarono verso il Mediterraneo orientale intorno al 1190 a.C. Tentarono di invadere l'Egitto e si scontrarono con gli Egiziani sia in mare che a terra, in particolare durante il regno di Ramesse III. Nonostante la vittoria di Ramesse, l'Egitto uscì indebolito dal conflitto e perse subito dopo gran parte del suo impero.

reggente Chi governa al posto di un sovrano assente o inetto o troppo giovane per salire al trono.

rilievo Incisione. Gli altorilievi erano realizzati incidendo lo sfondo intorno alla figura e i bassorilievi scavando la pietra all'interno della figura.

Romani Il popolo romano abitava la città di Roma, fondata nell'VIII secolo a.C. Crearono un vasto impero in Europa e nel Mediterraneo e conquistarono l'Egitto nel 30 a.C. L'impero raggiunse il suo massimo spendore nel I secolo d.C. ed entrò in declino nel IV sec. d.C.

sacrificio Offerta o dono agli dèi nelle antiche civiltà. Consisteva di frutti o fiori ma a volte anche di animali e persone.

sala ipostila Sala centrale del tempio egiziano circondata da alte colonne.

santuario Tempio dove era venerato il dio e sacrario di legno, pietra o metalli preziosi in cui si trovava la statua della divinità.

sarcofago Bara di pietra spesso decorata con iscrizioni e rilievi.

scriba Persona incaricata di scrivere e copiare testi e stendere verbali. Nel mondo antico, quando leggere e scrivere erano privilegio di pochi, era una professione molto rispettata. Gli scribi potevano ottenere un impiego governativo prestigioso e ben retribuito.

Seconda cateratta Frontiera tra l'Egitto e la Nubia nel Medio Regno dove furono erette le grandi fortezze del Medio Regno.

Seleucidi Dinastia e regno fondati da Seleuco Nicatore, generale macedone di Alessandro Magno. Nel 304 a.C. i Seleucidi occuparono una vasta parte dell'impero di Alessandro di cui non riuscirono a mantenere il controllo. Nel 64 a.C. i loro territori furono conquistati dai *Romani* e incorporati nell'impero romano.

Semiti Popolazioni che intorno al 2500 a.C. occuparono la zona tra la Mesopotamia settentrionale e i confini orientali dell'Egitto. Parlavano dialetti simili che fanno parte del gruppo linguistico oggi definito semitico. I primi semiti comprendevano gli Accadi e i Babilonesi. Gli Ebrei e gli Arabi di oggi sono semiti.

sfinge Statua egiziana che rappresenta il dio sole. Aveva di solito il corpo di animale e la testa di leone, ariete o del faraone.

Sposa Divina Massima carica sacerdotale al tempio di Amon a Karnak. Dal Terzo Periodo Intermedio in poi fu un ruolo di grande potere occupato da una principessa.

stele (plurale **stele**) Lastra verticale rettangolare di pietra (talvolta con punta arrotondata) con iscrizioni in rilievo. Usata per commemorare eventi speciali e, nelle tombe, la vita del defunto.

sudario Panno con il quale si avvolgeva la salma.

tempio funerario Tempio annesso alle piramidi e alle tombe reali egiziane. La barca utilizzata per il trasporto della bara al luogo di sepoltura era detta barca funebre.

terracotta Misto di argilla e sabbia utilizzata per fare mattonelle e statuine. Le statue vengono chiamate semplicemente terracotte.

toro Apis Toro sacro legato al dio Ptah, che viveva nel tempio di Menfi. Alla morte del toro, la ricerca del suo successore coinvolgeva tutto il Paese.

tributo Pagamento in denaro fatto da un re o uno stato assogettati ad un altro. Il *vassallo* paga il tributo a un signore.

udjat Occhio di Horus usato come *amuleto* per la guarigione.

vassallo Popolo assoggettato che paga un *tributo* ad un re o a un conquistatore.

visir Alto consigliere del faraone. Vi erano due visir: uno si occupava dell'Alto Egitto e l'altro era incaricato del Basso Egitto.

wepet renpet Anno Nuovo egiziano che coincideva con la data in cui la stella Sirio (o *sopdet*) spariva all'orizzonte una volta all'anno precedendo l'inondazione del Nilo. Il calendario egiziano più antico si basava sulle stelle e un altro sul ciclo lunare. Il primo calendario con la divisione in 365 giorni fu introdotto all'inizio dell'Antico Regno probabilmente da Imhotep. Giulio Cesare lo scoprì in Egitto e decise di adottarlo anche a Roma. Il calendario giuliano, come venne chiamato, fu in uso fino al XVI secolo.

INDICE

RINGRAZIAMENTI

Le edizioni Usborne hanno fatto tutto il possibile per rintracciare i titolari del copyright del materiale pubblicato in questo volume. Tuttavia, in caso di involontarie omissioni, si impegnano a rettificare le opportune informazioni nelle edizioni successive del volume, previa notificazione scritta. Si ringraziano le seguenti organizzazioni e individui per aver concesso il permesso di riprodurre il proprio materiale *(a = in alto, c = al centro, b = in basso, s = a sinistra, d = a destra, p = pagina)*:

Copertina *(statua)* ©Roger Wood/CORBIS, *(sfondo)* ©Gianni Dagli Orti/CORBIS; **p1** ©Neil Beer/CORBIS; **p2** Art Directors & TRIP/Helene Rogers; **p6** *(b)* ©Copyright The British Museum, *(ad)* ©Jim Zuckerman/CORBIS; **p7** (bs, ca) Photo Peter Clayton, *(bd)* The Petrie Museum of Egyptian Archaeology, University College London; p8 *(s)* Photo Scala, Firenze, *(ad)* ©Werner Forman Archive: Museo Egizio, Il Cairo, *(b)* The Griffith Institute, Oxford; **p9** ©Gianni Dagli Orti/CORBIS; **pp8-9** ©Robert Holmes/CORBIS; **p10** (as, ad) ©Dave Bartruff/ CORBIS, *(s)* Photo Peter Clayton, *(b)* Photo Scala, Firenze; **p11** *(bs)* ©Ludovic Maisant/CORBIS, (d) ©Otto Lang/CORBIS; **pp10-11** ©Historical Picture Archive/ CORBIS; **p12** Popperfoto/Reuters; **p15** ©Archivo Iconografico, S. A./CORBIS; **p16** Brooklyn Museum of Art, Museum Collection Fund 07.447.505; **p17** *(bs)* ©Werner Forman Archive: Museo Egizio, Il Cairo, *(b)* Digital image ©1996 CORBIS: foto originale di NASA/CORBIS; **p18** *(as)* ©Charles e Josette Lenars/CORBIS, *(a)* ©Copyright The British Museum, *(b)* ©Michael Nicholson/CORBIS; **p19** *(as)* Photo Scala, Firenze, *(c)* ©Roger Wood/CORBIS, (d) ©Charles e Josette Lenars/CORBIS; **p20** ©Gianni Dagli Orti/CORBIS; **p23** ©Archivo Iconografico, S.A./CORBIS; **pp22-23** *(b)* ©Michael Nicholson/CORBIS; **p24** Photo Scala, Firenze; **p25** *(a)* ©Carmen Redondo/ CORBIS, *(c)* ©O. Alamany & E. Vicens/ CORBIS; **p26** *(as)* ©Gianni Dagli Orti/CORBIS, *(s)* ©Richard T. Norwitz/CORBIS; **p27** ©Gianni Dagli Orti/CORBIS; **p28** *(bs)* ©Archivo Iconografico, S. A./CORBIS, *(c)* ©Roger Wood/ CORBIS; **p29** *(a)* Ashmolean Museum, University of Oxford, *(b)* ©Archivo Iconografico, S. A./ CORBIS, (cd) ©Gianni Dagli Orti/ CORBIS; **p30** ©Gianni Dagli Orti/CORBIS; **p31** ©Gianni Dagli Orti/CORBIS; **pp30-31** ©Charles e Josette Lenars/CORBIS; **p33** Photo Peter Clayton; **p34** (as, cd) ©Roger Wood/CORBIS, *(bs)* The Ancient Egypt Picture Library; **p36** *(as, bs)* ©Copyright The British Museum, *(cs)* ©North Carolina Museum of Art/CORBIS; **p37** *(a)* ©Araldo de Luca/CORBIS, *(b)* ©Adam Woolfitt/CORBIS, (p) Digital Vision; **p38** *(b)* ©North Carolina Museum of Art/CORBIS, *(bd)* ©Bettman/CORBIS; **p39** Photo Scala, Firenze; **p40** ©Gianni Dagli Orti/ CORBIS; **p42** (as, s) ©Roger Wood/CORBIS, *(b)* ©Copyright The British Museum; **p44** Photo Scala, Firenze; **p45** *(ad)* ©Dr E. Strouhal, *(bs)* The Ancient Egypt Picture Library; **p46** The Art Archive/ Egyptian Museum Cairo/Dagli Orti *(a)*; **p47** ©Copyright The British Museum; **p48** Photo Scala, Firenze; **p49** ©Copyright The British Museum; **p52** ©Gianni Dagli Orti/CORBIS; **p54** ©Christine Osborne/CORBIS; **p56** ©Yann Arthus-Bertrand/CORBIS; p58 ©Copyright the British Museum; **p59** ©Copyright The British Museum; **p60** (as, b) Vanni Archive/CORBIS, (l) Photo Scala, Firenze, *(ad)* ©Copyright the British Museum; **p61** ©Copyright The British Museum; **p62** ©Bettman/CORBIS; **p63** *(s)* Ancient Art and Architecture, (d) Alexander Tsiaras/Science Photo Library, *(bd)* ©The Trustees of the National Museums of Scotland; **p64** ©Gianni Dagli Orti/ CORBIS; **p65** *(as)* ©Burnstein Collection/ CORBIS, *(c)* ©Copyright The British Museum, *(bd)* ©Charles e Josette Lenars/CORBIS; **p66** ©Yann Arthus-Bertrand/CORBIS; **p68** ©Roger Wood/CORBIS; **p69** *(as)* ©Werner Forman Archive/CORBIS, *(bs)* ©Gianni Dagli Orti/ CORBIS, *(bd)* ©Roger Wood/CORBIS; **pp68-69** Powerstock Zefa; **p70** *(as)* ©Roger Wood/CORBIS, *(c)* ©Eye Ubiquitous/CORBIS; **p71** *(as)* ©Vanni Archive/ CORBIS, *(bd)* ©Roger Wood/CORBIS; **p72** *(c)* ©Nik Wheeler/CORBIS, *(b)* ©Carmen Redondo/CORBIS; p73 ©Gianni Dagli Orti/CORBIS; p75 *(cs, b)* ©Copyright The British Museum, *(ad)* ©Gianni Dagli Orti/CORBIS; **p76** *(as)* ©Burstein Collection/CORBIS, *(s)* ©Gianni Dagli Orti/ CORBIS; **p77** *(bd)* ©Gianni Dagli Orti/CORBIS, *(bd)* Burstein Collection/CORBIS; **p78** ©Gianni Dagli Orti/CORBIS; **p79** *(a)* The Art Archive/ Museo Egizio del Cairo/Dagli Orti, *(cs)* ©Gianni Dagli Orti/CORBIS; **pp78-79** Art Directors & TRIP/Bob Turner; **p80** *(as, bd)* ©Gianni Dagli Orti/CORBIS, *(cs)* The Fitzwilliam Museum, Cambridge autorizzazione concessa, tutti i diritti riservati; **pp80-81** ©Copyright The British Museum; **p81** The Art Archive/Museo Egizio del Cairo/Dagli Orti; **p82** *(as)* ©Michael T. Sedam/CORBIS, *(c)* ©Copyright The British Museum, *(b)* ©Gianni Dagli Orti/CORBIS; **p83** ©Gianni Dagli Orti/CORBIS; **p84** *(as, ad)* ©Gianni Dagli Orti/ CORBIS, *(b)* Roger Wood/CORBIS; **p85** ©Copyright The British Museum; **p86** *(c, p)* ©Copyright The British Museum, *(b)* ©Wolfgang Kaehler/CORBIS; **p87** *(b)* ©Werner Forman Archive/ CORBIS, *(ad, p)* ©Copyright The British Museum; **p88** *(as, s)* ©Eye Ubiquitous/ CORBIS, *(c)* ©CORBIS, *(b)* ©Gianni Dagli Orti/CORBIS; **pp88-89** ©Copyright the British Museum; **p89** ©Gianni Dagli Orti/CORBIS; **p90** *(bs & bc)* ©Copyright The British Museum, *(bd)* ©Gianni Dagli Orti/ CORBIS; **p91** ©Copyright the British Museum; **p94** ©Copyright The British Museum; **p95** *(a)* ©Eric Crichton/CORBIS, *(c)* ©Michelle Garrett/ CORBIS, *(bs)* Howard Allman, *(ad, bd)* ©Copyright The British Museum; **pp94-95** ©Peter Johnson/CORBIS;
p96 *(as, bs)* ©Gianni Dagli Orti/CORBIS, *(cs)* ©Copyright The British Museum, *(bd)* ©Papilio/ CORBIS; **p97** ©Ludovic Maisant/CORBIS; **pp102-105** ©Gian Berto Vanni/CORBIS; **p107** ©Roger Wood/CORBIS; **p109** ©Gianni Dagli Orti/CORBIS; **pp112-113** ©Historical Picture Archive/CORBIS; **p113** ©Gianni Dagli Orti/ CORBIS; **p114** ©Neil Beer/CORBIS; **pp114-115** Popperfoto/Reuters; **p116** *(a)* Museo Egizio del Cairo/Werner Forman Archive, *(b)* INTERFOTO/Alamy; **p117** ©The Trustees of the British Museum; **p118** The Metropolitan Museum of Art/ Art Resource/Scala, Firenze.

Prima pubblicazione 2012 Usborne Publishing Ltd., Usborne House, 83-85 Saffron Hill, Londra EC1N 8RT, Gran Bretagna.